HARRISON FORD

L'étoffe d'un héros

34-36, rue La Pérouse, 75016 Paris
www.hugopublishing.fr

Guillaume Evin

HARRISON FORD

L'étoffe d'un héros

Hugo Image

SOMMAIRE

BIOGRAPHIE

AWAKENS

Harrison Ford assiste à la première européenne de *Star Wars, épisode VII : le réveil de la Force*, à Londres, le 16 décembre 2015.

UN AMÉRICAIN BIEN TRANQUILLE

Il a éclos sur le tard, mais il est devenu star d'un coup d'un seul. À trente-quatre ans, il crève enfin l'écran en 1977 dans *La Guerre des étoiles* de George Lucas. Oublié le groom des débuts, son premier petit rôle au cinéma dans le modeste *Un Truand* de Bernard Girard, onze ans auparavant. Pour toute une génération, Harrison Ford est désormais Han Solo, contrebandier intergalactique sympathique et flegmatique, pilote d'exception à bord de son vaisseau spatial *Faucon Millenium*. Sans doute l'un des personnages préférés des amateurs de la saga. Grâce à l'univers *Star Wars*, son destin cinématographique bascule définitivement du bon côté. Et comme un miracle n'arrive jamais seul, sa bonne étoile, George Lucas, lui offre quatre ans plus tard un nouveau rôle en or, appelé lui aussi à connaître une incroyable longévité : celui d'un archéologue aventurier nommé Indiana Jones (*Les Aventuriers de l'arche perdue*, 1981). Aucun autre acteur ne peut se targuer d'avoir fait gagner autant d'argent à ses producteurs en si peu de temps. En 1982, n'a-t-il pas tenu le rôle principal de trois des quatre films les plus rentables de l'histoire : *La Guerre des étoiles*, *L'Empire contre-attaque*, *Les Aventuriers de l'arche perdue* ?

Longtemps, on l'a cantonné aux « utilités », producteurs et réalisateurs ayant régulièrement besoin d'une carrure virile surmontée d'une belle gueule. Au milieu des années 1960, Harrison Ford tente sa chance à Hollywood. Avant cela, il écume les tournées estivales avec une troupe de théâtre amateur près de son lac Michigan natal. Il a droit au fameux contrat de sept ans promis par les studios aux néo-comédiens qui rêvent de se faire un nom dans l'usine à rêves. Avec la Columbia, l'accord périclite cependant au bout de quatre films – les rôles (au mieux, fades, au pire, inexistants) qu'on lui propose le dépriment. Avec Universal, même impasse. La future star enchaîne les déconvenues artistiques. Au point de rompre avec cet univers impitoyable. Ford se reconvertit alors en menuisier-charpentier. Les planches, il ne monte plus dessus, il les fabrique !

George Lucas et Harrison Ford sur le tournage du film *Les Aventuriers de l'arche perdue* (S. Spielberg, 1981).

« SI ON NE SE BOUGE PAS LE CUL MAINTENANT, ON VA PERDRE CETTE PLANÈTE ! »

Trente ans plus tard, Ford reçoit en l'an 2000 le prestigieux trophée de l'American Film Institute récompensant l'ensemble de son œuvre, le célèbre Life Achievement Award. Un honneur n'arrivant jamais seul, deux ans après, la cérémonie des Golden Globes lui décerne le Prix Cecil B. DeMille en hommage à sa contribution exceptionnelle au cinéma. L'année suivante, il a droit d'inaugurer son étoile sur le Walk of Fame d'Hollywood Boulevard à Los Angeles. En 2010, l'Académie des césars en France y va de son écot *via* son césar d'honneur. Et, treize ans plus tard, à sa plus grande surprise, le Festival de Cannes lui remet à son tour une Palme d'honneur sous un tonnerre d'applaudissements, l'année même où le plus grand festival du monde dédié au 7e art projette en avant-première le cinquième et dernier épisode de la franchise *Indiana Jones*. Finalement, il ne lui aura manqué qu'un oscar, celui qui aurait pu saluer son interprétation tout en nuances de l'inspecteur John Book dans *Witness* (1985) et qui lui sera raflé en 1986 par William Hurt, magistral dans la peau d'un exubérant homosexuel incarcéré sous la dictature brésilienne (*Le Baiser de la femme araignée*). « *Le vrai plaisir, c'est d'aller à la rencontre d'un rôle dont on ne sait rien,* a-t-il souvent répété. *À la fin de l'expérience, si on dit que personne d'autre ne pouvait l'interpréter mieux que vous, alors le pari est gagné*[1]. »

La prestation d'Harrison Ford dans *Witness* (P. Weir, 1985) vaudra à l'acteur sa seule et unique nomination aux oscars en 1986.

Aujourd'hui, comme Jane Fonda ou Robert Redford avant lui, Ford l'octogénaire s'est lancé dans un nouveau rôle beaucoup plus exigeant : la lutte contre le réchauffement climatique, la préservation de la biodiversité. Sa dernière croisade. La plus difficile évidemment. Jadis, il a sauvé une galaxie lointaine, très lointaine. Mais comment pourrait-il faire de même avec la Terre ? « *Si on ne se bouge pas le cul maintenant, on va perdre cette planète*[2] *!* » a-t-il tonné en direct sur France 2 lors d'une émission qui lui est spécialement consacrée en mai 2023, fustigeant les « climato-sceptiques » qui nient l'implacable vérité scientifique.

1 Jean-Jacques Jelot-Blanc, *Harrison Ford, le dernier aventurier du cinéma*, Éditions Garancière, 1987.
2 « 20h30 Le Dimanche", France 2, 21 mai 2023.

Des décennies auparavant, il a porté à bout de bras le projet *Mosquito Coast* (Peter Weir, 1986), dans lequel un inventeur décide de tourner le dos à la société ultra-consumériste américaine en partant s'établir avec sa famille au fin fond de la jungle au Honduras. À l'époque, beaucoup avaient pris son engagement en faveur de l'environnement pour une lubie. Sans comprendre que Ford est viscéralement attaché à la préservation des ressources.

***

Harrison Ford ou l'acteur de tous les records. Il a joué les vedettes dans deux des plus lucratives sagas de toute l'histoire du cinéma. Avec *Star Wars* et *Indiana Jones*, il a touché le double jackpot. Au tournant des années 1980, il est la star la plus populaire du 7e art. Celle qui remplit les salles à défaut de remporter les prix. Pourtant, rien ne le prédestinait à une telle aventure...

Harrison Ford est le fruit du *melting pot* – fondement de la société américaine : père catholique, Irlandais et patriote – un pléonasme –, publicitaire pour la télévision ; mère juive ashkénaze d'origine russe, femme au foyer après avoir été un temps actrice à la radio. Enfance bourgeoise à Chicago (Illinois), sans éclat ni aspérités. Son premier souvenir de cinéma ? Ce n'est pas *Sous le plus grand chapiteau du monde* (Cecil B. de Mille, 1952) comme un certain Steven Spielberg mais *Bambi* des studios Disney, sorti dans les salles américaines un mois tout juste après sa naissance. Et comme des millions d'enfants, il a toutes les peines du monde à surmonter le décès à l'écran de la mère du petit faon. Le jeune

Harrison Ford incarne dans *Mosquito Coast* (P. Weir, 1986) un inventeur idéaliste, acquis à la cause environnementaliste. Un rôle de composition ?

MON OBJECTIF A ÉTÉ DE TRAVAILLER RÉGULIÈREMENT. JE NE M'ATTENDAIS PAS À ÊTRE RICHE OU CÉLÈBRE. JE VOULAIS JUSTE ÊTRE UN ACTEUR TRAVAILLEUR.
HARRISON FORD

Un futur jeune premier ? Ford à 18 ans (portrait de droite).

« Harry » aime (un peu) le baseball et s'ennuie (beaucoup) à l'école. Ses résultats scolaires s'en ressentent. L'histoire est la seule matière qui l'intéresse. Aussi, nul n'est surpris chez lui à le voir dévorer une biographie d'Abraham Lincoln à l'âge où les autres garçons s'enthousiasment pour les *home run* de Jackie Robinson ou Joe DiMaggio et les matches des Cubs de Chicago.

Ses parents, Christopher et Dorothy, sont de fervents démocrates. Dans ce foyer de la classe moyenne du Midwest, on s'abstient d'aborder les trois sujets qui fâchent : l'argent, la politique, la religion. Chez les Ford, on cultive l'amour du travail bien fait et le goût de l'effort. On a la modestie chevillée au corps. On garde un souvenir prégnant de la grande dépression des années 1930 que l'on a traversée cahin-caha. Toute la famille applaudit le soir au dîner quand passe à la télévision l'un des spots de l'agence Needham Louis & Brorby conçus par Christopher pour un réfrigérateur, un détergent ou des boîtes de conserve.

Rêve-t-il d'être comédien comme son grand-père paternel, John Fitzgerald, qui jouait les *black-face*[3] dans des vaudevilles diffusés à la radio ? Songe-t-il à suivre les traces de son père, Christopher, un temps acteur de music-hall puis de radio-théâtre avant de bifurquer vers la publicité ? Même

3 Terme américain désignant un acteur blanc grimé en Noir pour ridiculiser les Afro-américains dans des spectacles racistes.

Harrison Ford alias l'utopiste Allie Fox dans *Mosquito Coast* (P. Weir, 1986).

pas. L'adolescent ronronne et devra un jour se faire violence pour partir étudier la littérature anglaise et la philosophie dans l'État voisin du Wisconsin. En attendant, Harrison – un prénom original donné en souvenir de son arrière-grand-père maternel – se morfond à Meltzer, dans un collège de la proche banlieue de Chicago, en bordure du lac Michigan. Sa frêle stature, sa timidité, son air placide et son succès auprès des filles l'exposent plus souvent qu'à son tour à la jalousie de ses camarades. Mascotte des unes, bouc émissaire des autres, Harry connaît déjà les vicissitudes d'une drôle de popularité dont il se passerait volontiers. Le soir, il évacue ses soucis dans la quiétude de la maison familiale de Morton Grove, dans la proche banlieue pavillonnaire de Chicago.

À mesure qu'il gravit les échelons au sein de l'agence publicitaire qui l'emploie, Christopher Ford prête allégeance au rêve américain et à son consumérisme débridé. La famille déménage et s'agrandit à intervalles réguliers. Après Morton Grove, direction Park Ridge, toujours au nord-est de Chicago. Harry, quinze ans, en a fini avec ses tourmenteurs du collège. Pour autant, il ne s'épanouit pas plus dans ses études au lycée Maine East. Pour tromper son ennui, il fréquente les cours de modélisme prodigués dans l'établissement puis s'inscrit au club d'audiovisuel. Son fait d'armes ? Sa contribution au lancement d'une radio amateur.

Pour ses études supérieures, Harry met le cap encore un peu plus au nord, dans le Wisconsin, près de Milwaukee. L'étudiant de dix-huit ans n'a ni les moyens financiers ni le niveau académique pour se montrer trop exigeant. Va donc pour l'université de Ripon, encore engoncée dans un puritanisme poussiéreux. Cependant, les règles et l'étiquette qui régissent la vie du modeste campus ne tardent pas à lui peser. Le jeune Ford parade en hippie avant l'heure. Ses cheveux longs heurtent le protocole. Sa nonchalance couplée à son sourire narquois dénotent franchement. Harry redevient Harrison. Fini le surnom facile. Pour financer ses leçons de pilotage d'avion – son passe-temps préféré, il s'improvise cuisinier sur le yacht des héritiers de la richissime famille Swift, propriétaire des immenses abattoirs de Chicago (Union Stock Yards) avant qu'elle ne se reconvertisse dans l'agroalimentaire au milieu des années 1950.

SUR LES PLANCHES DU GENEVA LAKE

Le soir ou le week-end, Harrison file au cinéma... mais pas encore pour voir des films. En ce début des années 1960, la salle obscure reste le meilleur moyen qu'il ait trouvé pour *« tenter lamentablement de peloter* [une fille][4] ». Entre deux entreprises maladroites de séduction nocturne, il se plonge dans des livres de philosophie (l'une de ses deux spécialités avec l'anglais) et se lance dans d'interminables débats avec son professeur autour d'un verre de sherry[5]. Sur une scène et en public, en revanche, le jeune Ford s'avère tétanisé. Un comble pour celui qui a choisi imprudemment l'option théâtre pour remonter sa moyenne

LE JEUNE FORD PARADE EN HIPPIE AVANT L'HEURE. SES CHEVEUX LONGS HEURTENT LE PROTOCOLE. SA NONCHALANCE COUPLÉE À SON SOURIRE NARQUOIS DÉNOTENT FRANCHEMENT.

4 *Irish Times*, 19 août 2011.
5 Anecdote rapportée par Alexis Orsini, *Harrison Ford, L'acteur qui ne voulait pas être une star*, Dunod, 2017.

Le jeune « Harry », âgé de 17 ans, suscite déjà l'intérêt du « public » féminin.

Portrait de l'acteur dans les années 1960.

générale, pensant qu'il n'aurait qu'à étudier et non à jouer des pièces. Premier supplice en mai 1963 : *L'Opéra de quat'sous* de Bertolt Brecht, dont on lui a offert le rôle principal. Et comme l'impétrant n'a pas démérité, nouvelle épreuve quelques mois plus tard : il remonte sur les planches pour *The Fantasticks*, une autre comédie musicale à succès. Là encore, le néophyte s'en sort très honorablement au point d'être définitivement intégré dans la troupe de Ripon. Harrison n'a jamais été aussi épanoui. Désormais, il ne pense plus qu'à ça : se fondre dans la peau d'un personnage puis l'incarner devant un public. Son triomphe local dans le rôle d'un inventeur excentrique d'une cinquantaine d'années (*The Skin of our teeth* de Thornton Wilder) achève de le convaincre de poursuivre dans cette voie au printemps 1964. *« C'est là que j'ai attrapé le virus de la scène*[6] », confiera-t-il des années plus tard.

Juin 1964. Sa dernière année à l'université s'apparente à un chemin de croix. D'aucuns avanceraient qu'il frôle la dépression. L'étudiant passe son temps à fuir les salles de cours et esquiver les examens. Renvoyé sèchement trois jours avant la cérémonie de fin d'année alors qu'il ne lui reste qu'une seule matière à valider, Harrison n'a de toute façon d'autre choix que de persévérer et de s'accrocher. Même si, à la différence de ses condisciples de Ripon, il rêve moins d'une montre en or et d'un abonnement annuel au club de golf du coin que de vivre (chichement) de l'art dramatique. À la veille de ses vingt-deux ans, l'artiste en devenir épouse Mary Marquardt, la jolie étudiante sérieuse qu'il a rencontrée trois ans auparavant sur les bancs de la faculté (quand il s'y asseyait encore). Sans diplôme, sans argent, le jeune homme se jette à corps perdu dans le théâtre. Mais au moins avec la bénédiction de ses parents, qui n'ont sans doute qu'une vague idée des difficultés auxquelles leur fils s'expose. Comme un certain Paul Newman avant lui, il débute en cet été 1964 au théâtre Belfry Players à Williams Bay sur les bords du Geneva Lake au sud du Wisconsin. Le premier rôle marquant de sa nouvelle vie : celui du révérend T. Lawrence Shannon dans *La Nuit de l'iguane* de Tennessee

6 *Elle*, édition US, février 1988.

Les années théâtre de l'apprenti comédien, sur les planches du Belfry Players à Williams Bay.

IN BELFRY MUSICAL—Playing lead roles in Belfry Theater's production of "Little Mary Sunshine," opening Friday at the theater near Williams Bay, are, from left, Harrison Ford, resident actor; William Wise, Harvard, Ill., and Suzanne Seuser, Delavan, in the title role of Little Mary.

Williams. Celui-là même qu'endosse avec brio au même moment Richard Burton dans le film éponyme de John Huston. « *J'ignorais qu'il était possible de ne* pas *grandir, et quand je l'ai su, j'ai compris que j'avais trouvé mon métier*[7]. »

En parallèle, Ford, qui est parvenu à échapper au Viêtnam en excipant de son objection de conscience auprès des autorités, se démène pour trouver des « jobs alimentaires ». Mais la greffe ne prend pas dans le Wisconsin. Le jeune couple émigre à Los Angeles après avoir longuement hésité avec New York. Harrison veut vraiment devenir acteur… mais de préférence sans mourir de froid ! Mary et lui s'installent sur la côte, à Laguna Beach, à environ quatre-vingts kilomètres au sud de Los Angeles. C'est sur la route sinueuse qui le mène à Santa Ana plus au nord qu'il heurtera un jour un poteau électrique avec sa Volvo 544. Un accident sans gravité qui lui vaudra cependant sa fameuse cicatrice sur le menton, laquelle deviendra au fil du temps sa marque de fabrique. La vie de bohème se poursuit ainsi sous le soleil californien : représentations théâtrales en plein air le soir sur des scènes dressées à la va-vite en bordure des plages, auditions et rencontres l'après-midi. Et puis un soir, bingo ! Un impresario chauve avec cigare le repère, lui propose de passer le voir dans son bureau à Hollywood. En sortant du rendez-vous en cette fin de printemps 1965, Harrison a en main le fameux contrat renouvelable de sept ans à 150 dollars la semaine (environ 1 500 dollars actuels) proposé aux débutants que l'on juge suffisamment prometteurs. En contrepartie, le néo-acteur devra suivre des cours de comédie, poser pour d'interminables séances photos et escorter de jeunes et jolies starlettes aux soirées de la profession (oscars, galas…)

Premier rôle au théâtre pour Harrison Ford, celui de Lawrence T. Shannon, révérend défroqué, dans *La Nuit de l'iguane* (T. Williams, 1961), interprété au cinéma en 1964 par Richard Burton.

LA TENTATION DU MENUISIER

S'il est parvenu à Hollywood, il lui faut émerger sous peine de s'étioler puis de disparaître. Sans doute Ford, vingt-trois ans, garde-t-il en tête la cruelle vérité énoncée par Lionel Barrymore, immense acteur dans le Los Angeles des années 1910 et 1920 : « *À Hollywood, la moitié des gens rêvent d'être découverts, les autres craignent de l'être un jour.* » La Columbia l'a certes engagé, mais n'a pas encore décidé de miser sur lui. Dès son arrivée sur le circuit, le puissant syndicat des acteurs l'incite à changer de nom. Motif ? Avant lui, il y eut un autre Harrison Ford à Hollywood, un contemporain de Barrymore. Une vedette de l'ère du muet (plus de quatre-vingts films entre 1915 et 1932) disparue à l'âge de soixante-treize ans en décembre 1957. « Notre » Ford se cabre. Hors de question de renoncer à son patronyme. Tout juste consent-il à ajouter « Harrison J. Ford » afin de dissiper une hypothétique confusion avec son prédécesseur. Première humiliation.

Harrison Ford, acteur débutant et rebelle.

Rapidement, son quotidien au studio le déprime au plus haut point. Outre les séances photos publicitaires à Malibu pour

7 *Movies USA*, mai 1992.

Un Harrison Ford à l'allure encore très juvénile à l'aube des années 1980.

des chemisettes (trop courtes) ou des décapotables (trop grandes), il est bientôt prié d'arborer la même coupe de cheveux que l'ex-idole des jeunes, Elvis Presley. Seconde humiliation. Mais l'assistant chargé de veiller à sa transformation capillaire se désespère tout à fait quand il voit Ford ressortir du salon dans le même état qu'il y est entré ! En haut lieu, on s'agace, on s'impatiente. Jerry Tokofsky, le vice-président de la Columbia, croit s'étrangler quand sa recrue lui lâche que, puisque certains producteurs trouvent « Harrison Ford » trop prétentieux, elle préfère encore s'appeler « Kurt Adultère » (*« le nom le plus débile qui m'est venu sur le coup*[8] »). Les cours de comédie obligatoires ne l'enchantent pas plus : trop scolaires, trop formatés, trop éloignés des réalités concrètes du métier.

8 *Empire*, mars 2010.

Il n'y a que la séance animée par Walter Beakel, qui est passé par l'improvisation dans un théâtre de Chicago puis a enseigné à l'Actors Studio, qui trouve grâce à ses yeux. *« Le potentiel de ce gamin était visible de tous mais il était trop jeune pour avoir l'assurance et la technique nécessaire pour percer*[9]. »

Entre essais malheureux et cachets miséreux, Ford s'accroche à son rêve insensé. Grâce au soutien de Beakel, il décroche enfin son premier rôle de figurant au cinéma : dans *Un truand* de Bernard Girard, il interprète un groom de l'hôtel Sheraton, sanglé dans son costume vert, impeccablement coiffé d'une raie sur le côté, le temps de quelques dizaines de secondes, répétant en boucle une seule et unique réplique.

9 Jean-Jacques Jelot-Blanc, *Harrison Ford, le dernier aventurier du cinéma*, Éditions Garancière, 1987.

Aurait-il le physique de l'emploi ? Les producteurs ne se privent pas de lui faire comprendre qu'il a davantage l'allure et le style d'un liftier d'étage que ceux d'une future vedette de cinéma. *« Tu ne l'as pas, petit ! »*, lui répète Tokofsky, qui se plaît à lui rappeler *ad nauseam* qu'on décelait déjà tout le potentiel de Tony Curtis dès son premier rôle d'épicier. *« Pour les studios, je n'étais pas vraiment doué*, admettra Ford. *J'ai mis dix-huit mois pour quitter cet enfer d'incompréhension*[10]. »

Sa deuxième apparition sur grand écran dans un navet – *Luv, est-ce l'amour ?* – frôle le néant. Il n'est toujours pas crédité au générique. Tout ça pour ça ? Des années d'efforts pour exister et à l'arrivée, une pauvre apparition de trente secondes en hippie portant gilet en moumoute et coiffé d'un béret. Jamais l'apprenti comédien n'a été aussi proche de tout plaquer. Pourtant, il a eu sa chance... Beakel, son mentor, lui a obtenu deux auditions capitales : l'une pour *Le Lauréat* que prépare Mike Nichols, la nouvelle coqueluche d'Hollywood depuis la sortie de son *Qui a peur de Virginia Woolf ?* (1966), l'autre pour *Model Shop* (1969), le dernier volet de la trilogie imaginée par Jacques Demy après *Lola* et *Les Parapluies de Cherbourg* – le Français recherchant un jeune acteur américain encore méconnu. Mais Harrison ne convainc personne au sein du studio. Il rate en beauté les deux tests aux yeux de la Columbia. Dustin Hoffman sera choisi pour le premier et mis sur orbite grâce à sa performance dans *Le Lauréat*. Dans l'immédiat, c'est lui la future star ! Pour le second, la production optera pour Gary Lockwood, révélé dans *2001, l'Odyssée de l'espace* en 1968. Harry claque la porte de la Columbia : ça tombe bien, Tokofsky lui en avait indiqué le chemin. Grâce à Beakel, il peut immédiatement rebondir chez la concurrence, les studios Universal. À la clé, un contrat de sept ans bien sûr, mais cette fois à 250 dollars la semaine (2 300 dollars actuels).

Faute de grand écran, Ford doit se contenter du petit. Monique James, la directrice du programme « Jeunes talents » d'Universal, l'envoie faire ses classes à la télévision. Aux yeux de cette responsable, ce n'est nullement une punition, ni une rétrogradation, juste une excellente formation. S'il s'ébroue dans quelques séries télévisées (*L'Homme de fer*, *Le Virginien*, *Sur la piste du crime*), souvent dans le rôle du méchant, rien n'est vraiment concluant. Entre deux épisodes, il gagne trois sous en s'improvisant vigile du Festival pop de Monterey de juin 1967. C'est l'été des solos de guitare dans le dos de Jimmy Hendrix et du L.S.D. à gogo. Le Flower Power essaime bientôt dans toute la Californie. S'il partage les valeurs de la contre-culture américaine, Harrison Ford n'en reste pas moins à la marge de ce mouvement contestataire. Hippie mais pas trop. Adhésion sans participation en somme. De toute façon, il travaille d'arrache-pied pour tenter de boucler les fins de mois de sa petite famille.

Le Lauréat (M. Nichols, 1967) et *Model Shop* (J. Demy, 1969) – deux films pour lesquels Ford passera des essais... infructueux. Pour le second, si Jacques Demy est séduit par sa prestation, ce sont les producteurs qui s'opposeront à son engagement.

Les débuts d'Harrison Ford dans un épisode de la série TV *Sur la piste du crime* (1969).

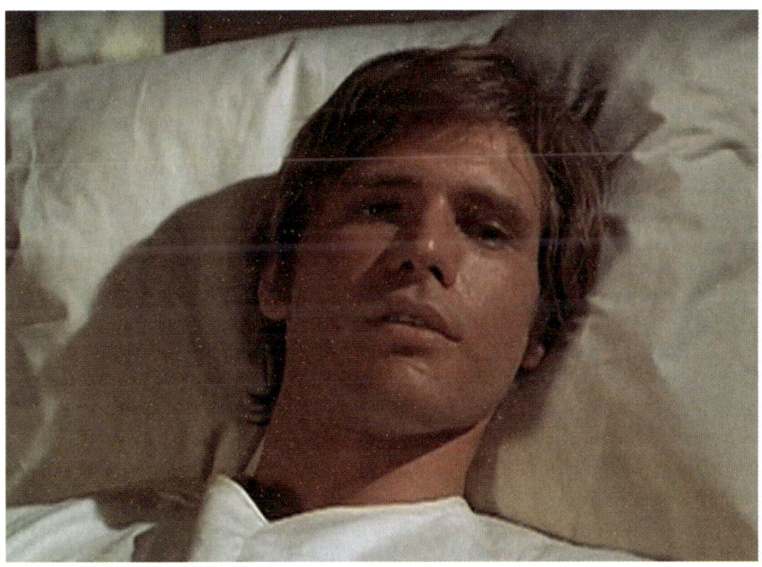

10 *Ibid.*

Harrison Ford, chapeau de cow-boy et défroque de charpentier.

Pour conjurer sa frustration, Ford renoue avec la menuiserie. Le hobby se mue en activité à temps complet. Le néo-charpentier entreprend de retaper les toitures environnantes des villas hollywoodiennes. À bientôt vingt-cinq ans, on lui offre cependant coup sur coup deux rôles un peu plus consistants que précédemment dans deux westerns, l'un produit par la Columbia (*La Poursuite des tuniques bleues*, 1967) et l'autre par Universal (*La Brigade des cow-boys*, 1968), son nouveau studio. Mais cette double incursion dans un genre très codifié ne l'enchante guère. Dans *La Poursuite des tuniques bleues*, Harrison n'a même pas droit à une seule réplique. Même sa mort se déroule hors champ. Il n'a toujours pas trouvé son emploi au cinéma. Le temps presse. En attendant, à la demande du photographe Paul Ferrara, il s'exerce au métier de cameraman sur le tournage de *Feast of Friends*, l'unique et mythique documentaire d'une quarantaine de minutes consacré aux Doors. Et voilà Ford au plus près de Jim Morrison et de ses partenaires lors de leur tournée californienne du printemps 1968.

PLACARDISÉ EN « HIPPIE »

Columbia, Universal... Mêmes causes, même conséquences. Ford se morfond au studio. Faute de projets motivants, il ne peut faire étalage de tout son talent. Et faute de visibilité, il disparaît peu à peu des radars des producteurs. Fatal engrenage qui mène à l'impasse. La directrice du programme « Jeunes talents » se lasse à son tour. Ford est évincé en 1969, deux ans tout juste après être entré chez Universal. À ce moment-là de sa carrière, il est boudé par le cinéma et courtisé par la télé. Or lui rêve exactement du contraire, comme Clint Eastwood quelques années plus tôt. Persévérant au-delà du raisonnable, il s'entête. Il s'humilie ainsi à retravailler pour la Columbia dans la comédie dramatique *Campus* de Richard Rush, avec Elliott Gould et Candice Bergen en têtes d'affiche. Et que joue-t-il évidemment ? Un étudiant hippie ! Non seulement il peine à s'extraire du sempiternel second rôle inconsistant mais de surcroît, il se retrouve systématiquement enfermé dans ce même emploi.

COMME SOUVENT DANS CE MONDE IMPITOYABLE, LA PORTE S'ENTROUVRE AU MOMENT OÙ L'ON NE S'Y ATTEND PLUS.

Comme souvent dans ce monde impitoyable, la porte s'entrouvre au moment où l'on ne s'y attend plus. Le producteur Fred Roos n'est pas loin de penser, comme son ami Walter Beakel, qu'Hollywood est en passe de se priver d'un vrai potentiel faute d'avoir pris la peine de déceler sa singularité. L'homme qui a lancé Jack Nicholson quelques années auparavant a cerné l'acteur Ford : un jeune homme qui n'a ni le physique ni l'allure d'un jeune premier classique mais dont il émane, en revanche, une virilité assumée, adossée à un humour caustique et un flegme naturel. Roos insiste auprès de ses relations.

Résultat : son poulain obtient le droit de passer une audition pour *Zabriskie Point*, le premier film américain du grand Michelangelo Antonioni. Hélas, l'unique scène de manifestation étudiante où il apparaît est coupée au montage. La « carte » Roos ne donne guère plus de résultats. Vexé, écœuré par tant de désinvolture à son égard, le comédien lâche tout cette fois. Terminé Hollywood. Rêve remisé. « *J'ai arrêté d'être acteur, non pas parce que je ne désirais plus l'être, mais parce que je ne voulais plus gagner ma vie en jouant systématiquement dans les mêmes conneries*[11]. »

Ford a presque trente ans maintenant. Cela fait cinq ans qu'il piétine dans la cité des Anges. Un ami pense à lui. Non pas pour jouer mais pour manier les outils au profit d'un compositeur, installé sur les hauteurs de la ville. Le musicien souhaite aménager un studio d'enregistrement dans son garage. Harrison est, paraît-il, le charpentier qu'il lui faut. Contrat signé, mission remplie. En quelques semaines et après quelques allers-retours à la bibliothèque municipale d'Encino pour y consulter des ouvrages spécialisés, Ford boucle haut la main son premier projet manuel. Le studio a fière allure. Au point que l'inévitable Fred Roos lui passe bientôt d'autres commandes. À défaut de tourner avec elle, Harrison aménage ainsi la villa de l'actrice Sally « Lèvres en feu » Kellerman, la torride infirmière de *M.A.S.H* (Robert Altman, 1970). Il retape toute la maison du couple d'écrivains-scénaristes John Gregory Dunne et Joan Didion. Il intervient chez Valerie Harper, la vedette de la *sitcom Mary Tyler Moore Show* sur CBS. En quelques mois, il fréquente ainsi le Tout-Hollywood mais pas de la manière dont il l'aurait espéré. On apprécie sa bonhomie et sa décontraction autant que son perfectionnisme sur un chantier. Harrison est invité aux soirées privées, faisant parfois le pitre devant ses hôtes. La journée, il cloue, il ponce, il lime. Il s'épanouit dans ce travail manuel qui lui permet enfin de vivre décemment et de satisfaire son ego. Si son corps porte les stigmates de ces années d'artisanat, son esprit est libéré : il n'a plus à se lamenter de ne pas parvenir à exister. D'aucuns diraient qu'Harrison Ford a trouvé la sérénité. Peu à peu, le menuisier qui sommeille en lui prend le dessus sur le comédien empêché, qui, de toute façon, n'a nulle envie de devenir un produit calibré d'Hollywood.

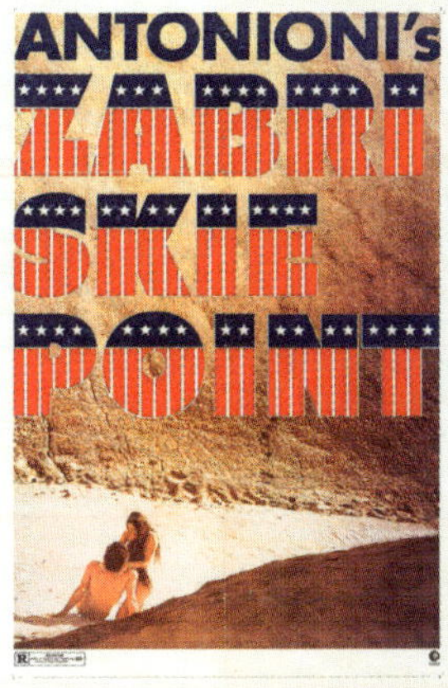

Zabriskie Point, rendez-vous manqué avec Michelangelo Antonioni.

« GEORGE AIMERAIT QUE TU JOUES UN RÔLE DANS AMERICAN GRAFFITI »

Tandis qu'il s'éloigne du métier de ses rêves, la chance lui sourit franchement. D'abord, grâce à Roos, Ford rencontre l'énergique et élégante Patricia McQueeney, ex-mannequin publicitaire et ex-chroniqueuse d'un show télévisé reconvertie dans le management personnel à l'orée des années 1970. Premier déclic. Désarçonnée par l'allure négligée et le style débraillé de son visiteur, « Pat » McQueeney finit par percevoir le potentiel dramatique de ce dernier... pour peu que l'on accepte de miser sur ses qualités naturelles. Le duo commence à prendre ses marques. Elle le recommande auprès de certaines de ses relations. Lui honore les rendez-vous que lui a obtenus celle qui se présente désormais comme son agente. Le voilà parti pour tourner dans deux épisodes du western télé *Gunsmoke* (*Police des plaines*) – faute de mieux. Sans renoncer à la menuiserie pour satisfaire les clients de la colline enchantée. Ensuite – second déclic –, il rencontre un certain George Lucas, deux ans de moins que lui. L'homme qui va littéralement changer sa vie.

Lucas possède un soutien de poids en la personne de Francis Ford Coppola – lequel, tout couvert de gloire et de dollars pour son *Parrain* (1972), n'oublie pas ses jeunes copains cinéastes (George Lucas, Brian

11 *The Hollywood Reporter : Harrison Ford Tribute Issue*, 8 mars 1994.

de Palma, John Milius, etc.) qui bâtiront bientôt le Nouvel Hollywood, cette décennie soixante-dix si propice à l'éclosion de jeunes auteurs. Les deux hommes se sont rencontrés quelques années auparavant dans les studios de la Warner lors du tournage du musical *La Vallée du bonheur*. Le premier est réalisateur, le second, assistant. George Lucas, qui vient d'essuyer un cuisant échec commercial avec son premier long-métrage (le dystopique *THX 1138*), souhaite à présent filmer tout autre chose : raconter le dernier samedi soir d'une bande de lycéens d'une petite ville de Californie en partance pour l'université. Coppola approuve et coproduit ce qui va devenir *American Graffiti*, le portrait d'une certaine jeunesse américaine au tournant des années 1960. Universal suit non sans mal en injectant 775 000 dollars (5,25 millions de dollars actuels).

Ce film générationnel nostalgique décroche deux Golden Globes (meilleure comédie et révélation masculine pour Paul Le Mat), le prix du meilleur scénario remis par la prestigieuse association des critiques de New York, et a l'honneur d'être nommé cinq fois aux oscars 1974. Or, qui retrouve-t-on en fin de générique ? Harrison Ford, alias Bob Falfa, un frimeur en Stetson blanc, assez détestable, qui ne jure que par les courses de dragsters. Son nom a été soufflé par le directeur de casting, lequel a listé avec

Harrison Ford (Bob Falfa) et Cindy Williams (Laurie) sur le tournage d'*American Graffiti* (G. Lucas, 1973).

Lucas tous les jeunes talents d'Hollywood pour compléter sa photo de groupe. Un responsable qui n'est autre que… Fred Roos, l'homme que Ford connaît depuis ses années à la Columbia. Et qui, un soir, déclare au jeune acteur : *« George aimerait que tu joues un rôle dans* American Graffiti[12]. » Roos l'encourage à se présenter aux auditions de Lucas et à croire en ses chances. Harrison touchera 1 000 dollars (6 775 dollars actuels) pour deux semaines de travail à l'été 1972. George Lucas, lui, en récoltera environ quatre millions. Au terme de son exploitation, le film engrangera 117 millions de dollars de recettes (presque 800 millions aujourd'hui), dont la moitié aux États-Unis, pour une mise initiale de moins de 800 000 dollars. Jackpot absolu ! *American Graffiti* est encore à ce jour le film le plus rentable de tous les temps. Le succès est tel qu'il entraînera le lancement de la série télévisée culte, *Happy Days*, dès l'année suivante.

Grâce à *American Graffiti* (1973), Harrison Ford, trente-et-un ans, est désormais relancé à Hollywood même si ce regain d'intérêt ne se traduit pas immédiatement dans son parcours ni dans son train de vie familial. Il n'est pas encore temps pour lui de remiser la boîte à outils. Il préfère toujours construire des meubles plutôt que d'endosser des rôles médiocres sinon insignifiants. Sa liberté est à ce prix. Comme Robert Redford avant lui, il ne transigera pas. Cependant, son amitié avec Lucas, sa bonne entente avec Coppola, lui ouvrent de nouvelles perspectives. Et peu importe que Pat McQueeney, qui s'échine à le « placer » dans des séries télés parfois prometteuses, essuie refus sur refus de sa part. Quelques mois plus tard, et toujours grâce à Fred Roos, Ford hérite d'un second rôle très intéressant dans *Conversation secrète*, un thriller d'espionnage avec Gene Hackman en vedette, pour lequel Coppola remporte la palme d'or à Cannes en 1974. Un an plus tard, ce dernier pense cette fois immédiatement à lui pour la distribution de son projet-fleuve sur la guerre du Viêtnam, le futur *Apocalypse Now*. Fin 1975, Harrison sait déjà qu'il fera partie de l'aventure de ce projet hors norme, fût-ce en dixième position au générique dans la peau d'un colonel de l'armée américaine prénommé… G. Lucas. Entre-temps, Francis Coppola et George Lucas se sont brouillés. Harrison Ford, lui, réussit à rester proches de ses deux parrains – sans toutefois parvenir à éviter d'être distribué dans une série de téléfilms et de feuilletons affligeants (*The Possessed*, *Dynasty*, *Kung Fu*, *Petrocelli*).

12 Anecdote rapportée par Alexis Orsini, *Harrison Ford, L'acteur qui ne voulait pas être une star*, Dunod, 2017.

UN JOUR, J'AI COMPRIS QUE PERSONNE NE RESPECTERAIT UN ACTEUR PAYÉ 150 DOLLARS. À HOLLYWOOD COMME AILLEURS, ON VAUT CE QU'ON RÉCLAME AUX GENS.
HARRISON FORD

Harrison Ford et Jenny Sullivan dans la première saison de la série télévisée *Love, American Style* (1969).

UN NOUVEL ESPOIR

LE PERSONNAGE DE HAN SOLO NE M'INTÉRESSE VRAIMENT PAS. JE NE PENSE PAS QU'ON PUISSE LUI DONNER AUTANT DE PROFONDEUR QU'AU PERSONNAGE D'INDIANA JONES.
HARRISON FORD

Survient *La Guerre des étoiles* – la divine surprise ! – un *space opera* grandiose et amusant, né de l'imagination féconde de George Lucas. Au début, aucun studio ne veut en entendre parler, hormis la 20th Century Fox, plus ouverte que ses rivales United Artists, Universal et Disney, mais pas forcément plus rassurée au vu des premiers jets du script. Pour son conte de fées intergalactique qui puise dans toutes nos mythologies, l'auteur et réalisateur américain cherche avant tout à distribuer trois rôles majeurs : Luke Skywalker, la princesse Leia et Han Solo. Occupé à retaper le bureau de Coppola, Harrison Ford ne songe nullement à postuler. Mais tandis qu'il bricole, à l'extérieur des studios Sam Goldwyn à Santa Monica, un portique à l'entrée[13] des locaux d'American Zoetrope, la société de production montée par le tandem Coppola/Lucas en 1969, il voit arriver un lundi matin Richard Dreyfuss, son ami acteur d'*American Graffiti*, Coppola et Lucas. « *J'étais là-bas à genoux dans le hall, en train de monter cette porte compliquée. Dreyfuss, la grande star, est venu voir George à propos du film, et moi je me retrouvais avec le rôle de l'ouvrier. C'est la seule fois où j'ai vu George, pas plus de trois ou quatre semaines avant qu'ils ne doivent prendre leur décision*[14]. » Et Ford-le-hippie prend une décision éclair. Lui aussi participera aux auditions menées par Lucas, assisté de son copain Brian de Palma, qui, paraît-il, terrifiait tout le monde.

13Jordan Mintzer, *Conversations avec Dean Tavoularis*, Synecdoche, 2022.

La première sélection s'étirera sur trois semaines en août 1975. Défileront environ deux cent cinquante prétendants par jour, de 8 heures à 18 heures 30 ou 20 heures, à raison de deux personnes toutes les cinq minutes ! Soit toute la jeunesse prometteuse d'Hollywood, dont Cindy Williams et Charles Martin Smith, ses autres partenaires d'*American Graffiti*, mais aussi John Travolta, Nick Nolte, Kurt Russell, Tommy Lee Jones, Sissy Spacek ou Amy Irving. Dans l'immédiat, Lucas sollicite Ford comme répétiteur des actrices pressenties pour jouer la princesse Leia. Le cinéaste voit en lui un sparring-partner idéal, confirmé mais encore méconnu du grand public. Le candidat modèle en somme dont rêvent tous les metteurs en scène. Ford donne la réplique à une soixantaine de postulantes. L'inévitable Fred Roos murmure toutefois son nom à l'oreille de Lucas pour le rôle d'Han Solo. Déclic en décembre 1975. Puis tout s'enchaîne comme par magie. À force de s'investir dans le rôle du contrebandier, Ford l'a fait sien. Il a compris qu'il fallait être capable d'alterner registres comiques et dramatiques d'une scène à l'autre. Lucas est rassuré. Il tient l'un des trois piliers de son aventure à sept millions de dollars (trente-cinq millions actuels). Persuadé de la réponse de l'acteur, il peut sereinement lui demander : « *Ça t'intéresserait d'interpréter Han Solo*[15] ? »

14 J.W. Rinzler, *Le Making of Star Wars*, Akileos, 2014.
15 *The Hollywood Reporter*, 18 décembre 2013.

Harrison Ford, troisième larron de l'équipe de rebelles de *Star Wars*, n'apparaît pas toujours sur les affiches de ce film qui donne pourtant à sa carrière une tournure… « intergalactique ».

Harrison Ford a revêtu la panoplie du contrebandier de l'espace, Han Solo. Photo promo de *La Guerre des étoiles* (G. Lucas, 1977).

LE GENTIL VAURIEN DE L'ESPACE

Dix ans après ses timides débuts, Ford décroche la lune. Il sera à jamais le gentil vaurien de l'espace. De tâtonnements en revirements, de promesses non tenues en espoirs déçus, le « charpentier le plus célèbre depuis Jésus » est enfin parvenu à percer le mur de la reconnaissance artistique. « *Le rôle d'Han Solo n'était pas écrit pour lui,* avouera Lucas, *mais je l'avais quand même en tête en l'écrivant, alors que j'avais décidé de ne pas faire appel à des acteurs du passé*[16]. » Le premier « premier rôle » de Ford survient dans l'un des films les plus populaires de toute l'histoire du cinéma ! Un opus que George Lucas a mis des années à peaufiner. Si, depuis la sortie de la prélogie, ce premier volet de *Star Wars* a été rebaptisé *Un nouvel espoir* (*A New Hope*), en vérité le nouvel espoir vaut surtout pour Ford dont la carrière ne sera plus jamais la même à compter de cet été 1977. Il nous revient ici le bon mot de son partenaire Alec Guinness, si peu visionnaire : « *J'aime bien Harrison Ford mais je le vois mal enflammer la Tamise ou l'East River*[17]. » Intéressé aux bénéfices (Hamill, Fisher et lui se partagent 2 % des recettes globales), le trentenaire n'aura pas à regretter d'avoir rogné sur son cachet hebdomadaire de 750 dollars (3 700 actuels). Trois mois après la sortie du film, il a déjà empoché 55 000 dollars (273 000 dollars d'aujourd'hui). Sa cagnotte s'élèvera *in fine* à 65 000 dollars (environ 320 000 actuels) comme pour Mark Hamill et Carrie Fisher. Et pourtant, comme il ne se laisse pas griser par ce succès inespéré, Ford poursuit sa vie tranquille dans sa petite entreprise de travaux manuels. La réplique improvisée qu'Han Solo balance à Luke Skywalker, tout fier d'avoir abattu son premier chasseur de combat *Tie Fighter* dans la bataille finale, lui correspond au fond complètement : « *Bravo, gamin ! Mais ne prends pas la grosse tête.* »

16 J.W. Rinzler, *Le Making of Star Wars*, Akileos, 2014.

17 Piers Paul Read, *Alec Guinness : The Authorized biography*, Simon and Schuster, 2003.

Et maintenant ? Que faire après avoir vaincu *L'Étoile de la mort* ? Ford retrouve « Pat » McQueeney. Si le statut de son protégé a forcément changé, elle doit encore en persuader les autres producteurs. Car, à trente-cinq ans, il n'a pas vocation à tourner uniquement pour le tandem Lucas/Coppola. En attendant, McQueeney reçoit pour lui quantité de scénarios de science-fiction. Essentiellement des ersatz de *La Guerre des étoiles*. Or l'idée est de lui permettre de s'affranchir de l'encombrant Han Solo. Après avoir achevé au début de l'été 1976 le tournage de *Star Wars* dont la sortie est prévue au printemps 1977, Ford s'est engagé pour un projet totalement différent, *Héros* de Jeremy Kagan, explorant le stress post-traumatique d'un vétéran du Viêtnam, qui, désormais inapte à la vie en société, vit reclus dans sa ferme du Missouri. Un film en avance sur son temps – précédant *Retour* d'Hal Ashby, *Voyage au bout de l'enfer* de Michael Cimino et *Rambo* de Ted Kotcheff. Le sujet est osé, difficile, douloureux même. L'exact contrepied au *space opera* dont Ford a besoin pour casser son image de cow-boy intergalactique désinvolte. Mais, visiblement, le contraste s'est avéré trop radical. Le film, un peu bancal, a désarçonné la critique et le public. Et le second rôle dont l'acteur a

Sally Field, Harrison Ford et Henry Winkler dans *Héros* (J. Kagan, 1977).

Pour faire plaisir à son fils qui souhaite le voir jouer dans un western, Ford accepte de succéder à John Wayne dans le rôle de Tommy dans *Un rabbin au Far West* (R. Aldrich, 1979).

Han Solo reprend du service dans *La Guerre des étoiles – l'Empire contre-attaque* (I. Kershner, 1980).

hérité (qui l'affiche à l'écran durant une trentaine de minutes) n'incite guère les décideurs à l'envisager durablement dans un autre emploi.

Avec le recul, la période 1977-1980 s'apparente à un long tunnel. Loin de surfer sur l'incroyable notoriété que lui a procurée le succès démentiel du premier épisode de la saga imaginée par George Lucas, Harrison Ford tâtonne beaucoup. Loin d'avoir dorénavant Hollywood à ses pieds, il peine à susciter le désir… Aussi va-t-il se fourvoyer dans des projets médiocres (*L'Ouragan vient de Navaronne*, *Guerre et Passion*) sinon calamiteux (*Un rabbin au Far West*). Et quand il a enfin l'opportunité de signer pour un film magistral (*Apocalypse Now*), il doit se contenter d'un rôle totalement transparent. Comme s'il était à contretemps. Comble d'infortune, son mariage se disloque en 1978. Mary ne supporte plus ses absences répétées. Le divorce est prononcé un an plus tard.

VERS L'INFINI ET AU-DELÀ…

Il faut attendre le deuxième volet de *La Guerre des étoiles* pour que Ford reprenne le cours de son ascension hollywoodienne. Et pourtant, comme rien n'est simple, l'acteur n'est pas forcément emballé à l'idée de réenfiler sans condition le gilet noir sans manches d'Han Solo. Contractuellement, et contrairement à ses compagnons Mark Hamill et Carrie Fisher, il n'est pas tenu d'enchaîner. En signant son contrat initial en 1976, Ford s'est méfié. Il a pris soin de l'expurger d'une option automatique pour un deuxième épisode. Ses précédents malheureux avec Columbia puis Universal l'ont dissuadé de s'engager les yeux fermés sur une longue durée. Aussi se retrouve-t-il en position intéressante deux ans plus tard. Comme George Lucas n'envisage pas sérieusement une seule seconde de le remplacer aux commandes du *Faucon Millénium*, Ford est comme ce joueur de poker à la main quasi gagnante : il peut exiger que son rôle soit étoffé, tout comme la psychologie de son personnage, sans risquer d'être doublé en secret par un autre prétendant opportuniste. Il aimerait qu'Han Solo ressemble à une sorte de Clark Gable de l'espace. En juin 1978, Ford dit enfin « oui » à *L'Empire contre-attaque* : son cachet est aligné sur celui des deux autres vedettes et il conserve sa liberté quant à une éventuelle suite.

Le succès phénoménal de ce deuxième épisode de *Star Wars* au printemps 1980 le propulse de nouveau sous les projecteurs comme trois ans auparavant. À ceci près que l'acteur a signé, au même moment, son contrat pour *Les Aventuriers de l'arche perdue*, le premier opus d'une future série autour d'un archéologue audacieux des années 1930 nommé Indiana Jones (et non Smith comme le souhaitait initialement George Lucas). Bientôt cet Indiana fera de lui, non pas une star, mais une méga-star. Le film, réalisé par Steven Spielberg et produit par Lucas, fracasse en effet le box-office 1981. Après un début modeste, l'opus s'impose comme le grand gagnant de l'année avec plus de 210 millions de dollars de recettes sur le marché nord-américain, soit 700 millions actuels !

George Lucas, Harrison Ford et Gary Kurtz, le producteur de *La Guerre des étoiles – l'Empire contre-attaque* sur le tournage du film.

Traveller (un Fedora aux bords assouplis) sur la tête, Indiana Jones arbore un look destiné à devenir culte.

CE PREMIER INDIANA JONES CHANGE UNE NOUVELLE FOIS LA DONNE, CAR CETTE FOIS TOUT REPOSE SUR FORD.

Et dire qu'initialement le rôle de l'aventurier au fouet aurait dû revenir à Tom Selleck (futur Magnum de la série télé éponyme) si la chaîne CBS n'avait pas fait jouer au dernier moment une des clauses de son contrat. Ce premier *Indiana Jones* change une nouvelle fois la donne, car cette fois tout repose sur Ford. Il ne partage plus le succès avec d'autres partenaires, il demeure l'unique tête d'affiche d'un *blockbuster* colossal. Son visage est placardé partout, dans les cinémas du monde entier, même au Maroc « *dans un petit bled paumé près de Fès.* [...] *C'est à ce moment-là que je me suis rendu compte de ce qui était en train de m'arriver*[18]. »

Au tournant des années 1980, Harrison Ford aura donc été cet acteur d'à peine quarante ans qui réussit l'exploit inimaginable d'incarner alternativement à l'écran les deux plus grands héros de fiction du moment, tout en n'ayant été, à l'origine, pressenti ni pour l'un, ni pour l'autre. « *C'est tout sauf un hasard s'il a personnifié beaucoup de héros à l'écran*, analysera sa partenaire dans *Star Wars*, Carrie Fisher. *Il joue souvent quelqu'un sur lequel vous pouvez compter, quelqu'un qui s'occupera bien de vous, qu'il s'agisse d'une simple coupure au doigt d'un enfant, d'un meurtre ou du sauvetage de la galaxie*[19] *!* » En étant tour à tour Han Solo et Indiana Jones, Ford s'est imposé comme aucun autre dans l'imaginaire du grand public. En trois films seulement, répartis sur quatre ans – *La Guerre des étoiles*, *L'Empire contre-attaque* et *Les Aventuriers de l'arche perdue* –, il est passé quasi du néant au firmament de l'*entertainment* par le biais de deux mythologies contemporaines. Au fond, il s'est retrouvé au sommet avant même d'avoir été consacré par la critique ou récompensé par ses pairs. L'insolente réussite de ses deux mentors – George Lucas et Steven Spielberg, les *golden boys* du cinéma américain qui lui ont fait confiance –, l'a précipité pour toujours dans une autre dimension. Après avoir longtemps tâtonné sinon galéré à Hollywood pour n'avoir jamais intrigué auprès des puissants de ce milieu, Ford est devenu incontournable. Ce n'est pas là le moindre des paradoxes pour un homme qui se fait un temps charpentier faute d'avoir pu (su ?) percer, non pas des planches mais le plafond de verre séparant les sans-grade des comédiens vedettes.

18 *Elle*, 26 mars 1986.
19 Citée par Virginia Luzón-Aguado, *Harrison Ford, Masculinity and Stardom in Hollywood*, Bloomsbury, 2020.

LA STAR NEXT DOOR

Star mondiale à l'écran, personnalité discrète, presque effacée, hors des plateaux, Ford demeure, dans le microcosme hollywoodien, une énigme à plusieurs inconnues – presque une anomalie. Ni drogue, ni alcool, ni maîtresses à la pelle. Pas de yacht à l'horizon. Pas de Picasso ou de Van Gogh accrochés au salon. Nulle dépense somptuaire non plus que de colère légendaire. Pas de frasques ni de scandales déversés sur cinq colonnes à la une. Même pas de caprices pour alimenter les gazettes. Aucune tentative de suicide aux barbituriques. Aucun dérapage sexiste à une quelconque « party » donnée sur la colline. Aucune déclaration tapageuse lors d'un banal cocktail. Seule une Porsche noire trahira un jour son nouveau train de vie.

C'est que l'acteur parvient à préserver sa vie privée bien au-delà des standards en vigueur dans ce milieu de voyeurs. Sa réponse aux indiscrétions ? « *J'ai une vie bien remplie, une femme et deux enfants, et de nombreux centres d'intérêt*[20]. » Fermez le ban ! S'il accepte de jouer dans *Blade Runner*, c'est en partie parce que le tournage de ce film de science-fiction se déroule tout près du collège de ses deux fils qu'il voit de moins en moins depuis son divorce. L'ex-charpentier n'est jamais bien loin une fois les spots éteints. Sa fulgurante notoriété acquise à la sortie de son premier *Star Wars* – et renforcée par le deuxième puis par *Indiana Jones*– l'a certes comblé

20 Interview sur WCTV, 3 juin 1977.

Ci-dessus et ci-contre, Harrison Ford, invité du Festival du film américain de Deauville...

professionnellement mais l'a également contrarié personnellement. Fini l'anonymat. Finie l'insouciance dans l'espace public. Organiser un paisible dîner entre amis au restaurant relève dorénavant de l'exploit. Il faut ruser avec de faux patronymes, arborer une casquette, des vêtements passe-partout, ne plus se raser... sauf que « *les gens me demandent alors pourquoi je me suis laissé pousser la barbe*[21] ». Le système du show-biz a pris d'un côté ce qu'il lui a offert de l'autre. Mais pour lui, le prix à payer de la notoriété s'est avéré bien plus élevé que pour d'autres.

Harrison Ford a toujours eu ce côté *next door*, comme ces stars à la Christian Bale ou Matt Damon aujourd'hui. Il a de la présence sans la suffisance qui s'y attache parfois. Il émane de lui un charisme sain, rassurant, une simplicité de bon aloi qui tranche avec les tourments et les postures de certains de ses confrères. Il n'a jamais sacrifié à cette obsession de la célébrité qui peut consumer les personnalités plus friables. Sur la colline enchantée, il n'a pas cherché à faire carrière mais plutôt à faire une carrière. Et si possible honorable. Nuance capitale. Son humour à froid autant que sa brusquerie peuvent désarçonner parfois. Mais cette spontanéité non feinte plaît énormément. Et qui résisterait de toute façon à ce sourire narquois, qui laisse penser à son interlocuteur qu'il n'est jamais dupe de la situation ? « *Je fais mon métier de la même façon que je fabrique mes meubles. Pour l'une comme pour l'autre de ces professions, il n'y a pas de trucs, pas de magie, pas de mystère. Il n'y a rien que du travail, de la volonté, de la technique et beaucoup, beaucoup de patience.* » Serait-ce-là la recette de son incroyable réussite ?

... auquel il assiste en compagnie de ses deux fils, le 13 septembre 1981.

Ford se voit sincèrement comme un artisan au service du 7e art et non comme une de ses figures prétendument fascinantes que l'on vénère pendant un temps avant de la jeter comme un vulgaire Kleenex. Bien sûr, il a eu droit à sa part de chance lui aussi dans les années 1970. Le destin lui a souri au moment où il s'y attendait le moins (*American Graffiti*). Cependant, il a fondé son succès sur autre chose. Il renvoie l'image du *self-made man* qui n'a jamais abdiqué, qui a toujours persévéré et qui, surtout, n'a pas transigé avec l'idée qu'il se faisait de ses possibilités et de son métier. La métaphore du menuisier-charpentier lui va bien : il a bâti sa solide carrière

21 *The Daily News*, 24 juillet 1997.

Dans *Blade Runner* (R. Scott, 1982), Harrison Ford incarne le policier Rick Deckard – un personnage appelé à devenir culte dix ans après la sortie du film.

méticuleusement, consciencieusement, avec l'amour de la belle ouvrage. Dans chacun de ses rôles, on sent qu'il s'est bien préparé. Pour lui, un film est un « *job* », « *raconter des histoires, un service*[22] ». Il n'y met pas beaucoup d'affect. « *Je suis un acteur technique,* aime-t-il à répéter. *Jouer relève pour moi d'une démarche à la fois intellectuelle et mécanique*[23]. »

FORD OU LE MYTHE DE LA VIRILITÉ SAINE DES ANNÉES 1980

Aux yeux de ses compatriotes, Ford incarne la figure de l'Américain moyen dans ce qu'il a de meilleur : travailleur, dur au mal, courageux, résistant, loyal, patriote. Autant de qualités personnelles qui ont coïncidé avec le retour des valeurs de l'Amérique conservatrice au tournant des années 1980. Ford est en phase avec la sociologie de son pays. Il est l'émanation d'une masculinité triomphante. Non pas sa version bodybuildée à l'instar du tandem Sylvester Stallone/Arnold Schwarzenegger ; mais sa version « homme de la rue », à la manière d'un Gary Cooper sous Reagan. Avec cependant, quelque chose de plus singulier dans l'élaboration de sa *persona*. Contrairement à ses concurrents – Burt Reynolds, Michael Douglas, Richard Gere, Chuck Norris, Eddie Murphy, etc. – Ford allie rugosité et sensibilité, cet alliage des contraires si précieux devant une caméra. Ce qui lui permet d'exprimer toute une palette d'émotions, là où d'autres sont enfermés dans un seul registre.

Sa nouvelle aisance financière lui confère une liberté de choix absolue. Celle à laquelle aspirent au fond tous les artistes. Plus question de commettre l'erreur du film *L'Ouragan vient de Navarone* (Guy Hamilton, 1978), accepté pour la somme rondelette figurant sur son contrat. L'écueil, à présent, est ailleurs : comment se renouveler ? Comment faire oublier Han Solo et « Indy » sans renier ces deux personnages iconiques auxquels il doit tout ? La chance s'en mêle. Ridley Scott lui présente une offre qu'on ne peut pas refuser : le premier rôle dans *Blade Runner*, librement adapté du roman d'anticipation de Philip K. Dick paru en 1968, *Les androïdes rêvent-ils de moutons électriques ?*

FORD EST EN PHASE AVEC LA SOCIOLOGIE DE SON PAYS. IL EST L'ÉMANATION D'UNE MASCULINITÉ TRIOMPHANTE.

22 « 20h30 Le Dimanche », France 2, 21 mai 2023.
23 Cité par Virginia Luzón-Aguado, *Harrison Ford, Masculinity and Stardom in Hollywood*, Bloomsbury, 2020.

Harrison Ford dans *L'ouragan vient de Navarone* (G. Hamilton, 1978).

Encore un film de science-fiction certes, mais adulte, puissant, quasi philosophique. Une fois de plus, ce n'est pas son nom qui vient en premier. Mais après que Dustin Hoffman s'est retiré de la course, c'est à ses services que l'on fait appel. Dans un Los Angeles post-apocalyptique, Ford campe Rick Deckard, policier d'une unité spéciale, chargé de traquer des « Réplicants », des humanoïdes présumés dangereux pour l'espèce humaine. *« Il y est intelligent, incisif et précis »* lancera Scott, admiratif, des années après la sortie du long-métrage. Ce film noir, sombre et brillant à la fois, d'une beauté formelle incontestable, presque hypnotique, est porté par une bande originale inoubliable signée Vangelis. Avec le recul, *Blade Runner* est peut-être le chef-d'œuvre de toute la carrière de Ford. C'est le film de science-fiction qui les transcende tous. Esthétiquement impressionnant, l'opus dystopique développe une vision qui perdure dans le temps. Plus de quarante ans après, combien de films de ce type peuvent se targuer de n'avoir pas pris une ride ? Hormis *2001, l'Odyssée de l'espace* de Stanley Kubrick, je ne vois pas…

Après sa séparation avec Mary, Ford rencontre la blonde Melissa Mathison, ancienne assistante de Francis Coppola sur *Le Parrain 2* et *Apocalypse Now* puis scénariste comblée auprès de Steven Spielberg (*E.T. l'extra-terrestre*). Ils se marient en mars 1983, juste avant la sortie du *Retour du Jedi*, troisième volet de la saga *Star Wars*. La presse ironise sur l'union *« d'Indiana Jones et de la mère d'E.T »*. Le couple s'installe non loin de Jackson Hole, un trou perdu dans une paisible vallée au fin fond du Wyoming. Le quartier de Benedict Canyon à Los Angeles ne lui manque absolument pas. Ici, dans l'Ouest américain, dans l'État le moins peuplé du pays, Ford se sent revivre. Il faut dire qu'avec ses trois cents hectares de nature préservée au pied du massif du Grand Teton, sa propriété invite au dépaysement et à la solitude. Il y a du Redford en lui. Retiré du monde artificiel de Los Angeles qui finirait par l'aliéner, Ford s'empresse de fabriquer non seulement les meubles du foyer mais aussi une grande partie de la maison du couple. En ce début des années 1980, il a trouvé son rythme de croisière : il alterne les tournages exténuants avec les plages de décompression. D'un côté, le cinéma à Hollywood et son pied-à-terre de Benedict Canyon ; de l'autre, la « vraie » vie à Jackson Hole dans une nature quasi inviolée à mille cinq cents kilomètres de là. Il pêche, monte à cheval, répare une toiture ou une barrière, coupe du bois. Un bonheur bucolique. Il a trouvé l'antidote à la vie factice d'une méga-star du 7e art.

ICI, DANS L'OUEST AMÉRICAIN, DANS L'ÉTAT LE MOINS PEUPLÉ DU PAYS, FORD SE SENT REVIVRE.

Harrison Ford et sa première épouse, Mary Marquardt, à New York en juin 1977.

Harrison Ford et Melissa Mathison en avril 1983.

Harrison Ford photographié en août 1984 dans sa maison de Beverly Hills, dont les meubles ont été fabriqués par ses soins.

Avec *Blade Runner*, Ford creuse son sillon dans des productions exigeantes et différentes. Il enchaîne coup sur coup deux films avec le même cinéaste, l'Australien Peter Weir, futur réalisateur du *Cercle des poètes disparus* : *Witness* (1985) et *Mosquito Coast* (1986). Le premier lui vaut le respect de toute la profession au point qu'il frôle l'oscar du meilleur acteur … et le second, l'incompréhension du public couplée à l'indifférence de la critique. L'Amérique veut continuer de le voir en héros et non en inventeur brillant mais asocial, basculant peu à peu dans une radicalité frôlant la tyrannie au fin fond de la jungle d'Amérique centrale. Et pourtant, ce rôle d'Allie Fox, initialement écrit pour Jack Nicholson, demeure l'un de ses préférés : un personnage excessif certes, mais sincère, authentique, voulant vivre en conformité avec ses idéaux éco-responsables. « *Il y a, dans son histoire, une vérité dont je voulais faire partie*[24] », confie la star. Pour rebondir après cette expérience exténuante, il accepte un peu par hasard la proposition de Roman Polanski de tourner à Paris le thriller *Frantic*. Demi-échec à l'arrivée. S'il gagne les faveurs du public français, en revanche, il ne parvient pas à retrouver le cœur des Américains.

L'ÉTERNEL RETOUR D'INDY, HAN ET RICK

Au début des années 1990, l'acteur se consume dans des rôles stéréotypés, assez convenus (*Jeux de guerre*, *Le Fugitif*, *Danger immédiat*) et des films moyens sinon catastrophiques (*À propos d'Henry*). Un peu comme Jean-Paul Belmondo et Alain Delon chez nous, dix ans auparavant. Harrison Ford semble en pilotage automatique dans des projets commercialement bâtis sur son nom mais qui n'apportent rien à sa gloire – ou pire, le desservent parfois (*Sabrina*). Parce qu'il est devenu l'acteur le plus demandé des producteurs dans la foulée de son troisième *Indiana Jones*, il a du mal à refuser tel ou tel script, lui qui cherche toujours à occuper les écrans au moins une fois par an. Si les scénarios affluent chez lui, nulle trace de chefs-

24 « Inside the Actors Studio », 20 août 2000.

Harrison Ford à la première de *Jeux de guerre* à Beverly Hills, le 3 juin 1992.

d'œuvre en perspective. Aussi se résout-il souvent à opter pour celui qui lui paraît le moins mauvais sur le papier. Ce qui n'est pas toujours un critère salvateur. Au cours de sa cinquantaine, Ford réussit la prouesse de passer à côté de quantité de rôles en or qu'on lui a pourtant servis sur un plateau. On peine à comprendre comment il a pu refuser successivement *Qui veut la peau de Roger Rabbit, Dick Tracy, JFK, La Ligne rouge* puis plus tard, *Traffic* et *Syriana*, lequel vaudra à son « remplaçant » – George Clooney – l'oscar et le Golden Globe du meilleur second rôle en 2006.

Avec le recul, c'est sans doute après *Air Force One* (Wolfgang Petersen, 1997) que Ford a perdu le fil d'une carrière jusque-là remarquable. C'est à partir de là que tout s'est gentiment effiloché et que l'acteur de cinquante-sept ans s'est commis dans une litanie de films largement dispensables (*Six jours, sept nuits, L'Ombre d'un soupçon, Apparences, Hollywood Homicide, Firewall*, etc.) La star a chuté de son piédestal. Et comme souvent, Hollywood se montre impitoyable. Une fois épuisé votre crédit de navets, vous êtes condamné à végéter dans les limbes. En ce début des années 2000, Ford est sur la pente fatale. Il enchaîne les désillusions et les choix douteux avec une étonnante régularité. Il va même connaître un trou d'air de trois longues années. Et, dans le cinéma, les années comptent triple ou quadruple. Son second mariage n'y résiste pas, à l'orée de la soixantaine. Son divorce avec Melissa fera la joie malsaine des tabloïds.

Mais, comme un ultime clin d'œil, Hollywood lui réserve un triple come-back – trois films majeurs de sa carrière au milieu des années 2010 : *Star Wars*, *Indiana Jones* et *Blade Runner*. Brelan gagnant. Entre ses soixante-douze et ses quatre-vingts ans, voilà l'insubmersible Harrison Ford relancé dans des blockbusters. L'interminable ovation qui a salué la remise de sa Palme d'honneur à Cannes au printemps 2023, dans la foulée de la présentation en avant-première mondiale d'*Indiana Jones et le cadran de la destinée*, n'est pas feinte. Cette déclaration d'amour par applaudissements interposés, cette marque de respect pour une carrière exemplaire lui sont allées droit au cœur. En bon artisan, Ford peut savourer le travail d'une vie bien remplie. Et sans doute ironiser devant un bon vieux bourbon sur la sentence assénée plus d'un demi-siècle auparavant par Jerry Tokofsky, l'ancien vice-président de la Columbia : « *Vous n'avez aucun avenir dans le cinéma.* »

***

COMME UN ULTIME CLIN D'ŒIL, HOLLYWOOD LUI RÉSERVE UN TRIPLE COME-BACK.

Entre Han Solo et Indiana Jones, Harrison Ford retrouve le rôle de Rick Deckard dans *Blade Runner 2049* (D. Villeneuve, 2017).

L'acteur assiste à la projection en avant-première d'*Indiana Jones et le cadran de la destinée* lors du 76ème Festival de Cannes, le 18 mai 2023.

PORTFOLIO

Harrison Ford dans *L'ouragan vient de Navarone* (G. Hamilton, 1978). Après le succès de *La Guerre des étoiles* (G. Lucas, 1977), l'acteur souhaite montrer une autre facette de son talent. Motivé par le montant du cachet qui lui est alors proposé, il déchante cependant au bout de quelques semaines de tournage.

Succédant au chanteur Kris Kristofferson, Harrison Ford trouve dans *Guerre et Passion* (P. Hyams, 1979) l'opportunité d'obtenir un premier rôle à l'écran.

HOWLAND
GOODS
074 - 133

Si Harrison Ford conserve un bon souvenir du tournage d'*Un rabbin au Far West* (1979), il ne peut s'empêcher de lire dans le regard de son metteur en scène, Robert Aldrich, la déception de n'avoir pu compter sur John Wayne dans le rôle de Tommy Lillard.

Harrison Ford et Mark Hamill, en plein travail sur *La Guerre des étoiles – l'empire contre-attaque* (I. Kershner, 1980).

Harrison Ford sur le tournage du film *La Guerre des étoiles – l'Empire contre-attaque* (I. Kershner, 1980).

Moment de complicité entre Harrison Ford et Carrie Fisher à New York lors de la sortie du film *La Guerre des étoiles – l'empire contre-attaque* (I. Kershner, 1980).

TROPHY

Harrison Ford dans sa maison de Los Angeles en 1981.

Occupé à lire les lettres de ses admirateurs dans sa maison de Los Angeles ou invité au Festival du film américain de Deauville, Harrison Ford, la star next door par excellence, garde le sourire.

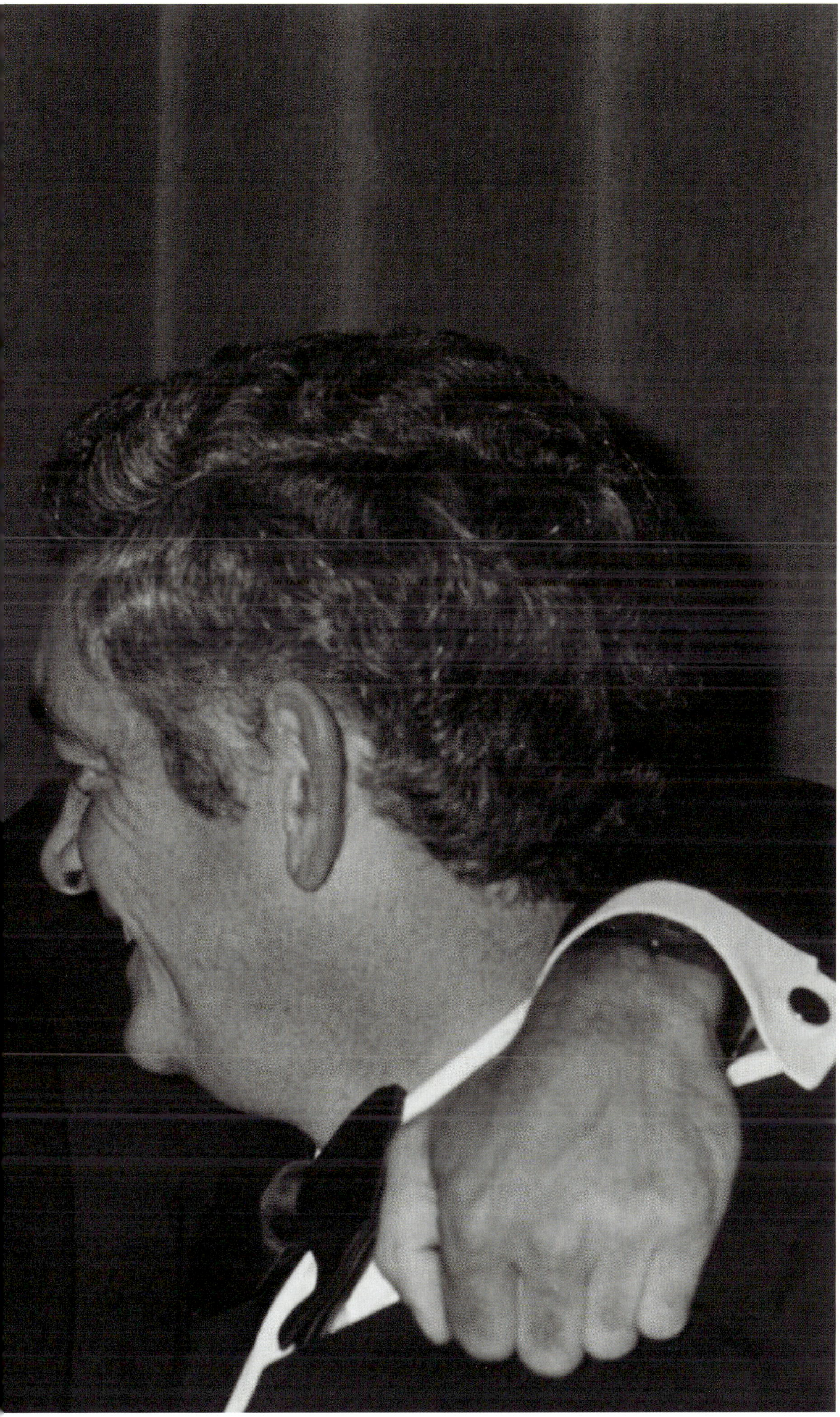

Invité du Festival du film américain de Deauville en septembre 1981, Harrison Ford est ravi d'y retrouver le metteur en scène Jacques Demy. Les deux hommes ont failli tourner ensemble le film *Model Shop* en 1969.

Harrison Ford et Steven Spielberg sur le tournage du film *Les Aventuriers de l'arche perdue* (1981).

Après avoir incarné un contrebandier intergalactique et un aventurier archéologue, Harrison Ford enfile la panoplie d'un policier de science-fiction pour les besoins du mythique *Blade Runner* (R. Scott, 1982).

Conversation informelle entre Ridley Scott et Harrison Ford autour de leur prochain film, *Blade Runner*, dans les bureau du réalisateur en mars 1981. Les deux hommes finiront par s'opposer sur la nature exacte du héros, Rick Deckard.

Portrait d'un héros : Harrison Ford dans le rôle d'Indiana Jones dans *Indiana Jones et le temple maudit* (S. Spielberg, 1984) – un personnage qu'il incarnera en tout cinq fois au cours de sa carrière.

Changement de registre pour Harrison Ford : le voici dans la peau de John Book, officier de police chargé de protéger contre des tueurs une mère et son fils (Kelly McGillis et Lukas Haas) au sein de la communauté amish (*Witness*, P. Weir, 1985).

Inspecteur de police infiltré dans la communauté amish du Lancaster en Pennsylvanie. Harrison Ford trouve dans *Witness* (P. Weir, 1985) l'un de ses meilleurs rôles.

Harrison Ford et Emmanuelle Seigner sous la direction de Roman Polanski sur le tournage du film *Frantic* en 1987.

Harrison Ford retrouve en 1989 la défroque d'Indiana Jones pour les besoins d'*Indiana Jones et la dernière croisade* (S. Spielberg, 1989). Probablement le meilleur opus de la pentalogie.

Après *Working Girl* (1988). Harrison Ford retrouve Mike Nichols sur le tournage d'*À propos d'Henry* (1991). Les deux hommes ont failli collaborer dès 1967 sur *Le Lauréat*. Mais le rôle principal reviendra finalement à Dustin Hoffman.

Au cours des années 1990, Harrison Ford délaisse les personnages d'aventuriers pour incarner des figures de l'autorité, comme ici dans *Jeux de guerre* (P. Noyce, 1992) ou dans *Ennemis rapprochés* (A.J. Pakula, 1997).

35
POLICE
DEPARTMENT
CITY OF NEW YORK

Après avoir emmené son père (Sean Connery) combattre les nazis dans *Indiana Jones et la dernière croisade* (S. Spielberg, 1989), Jones (Harrison Ford) embarque avec lui son fils (S. LaBeouf) dans *Indiana Jones et le royaume de crâne de cristal* (S. Speilberg, 2008), le quatrième volet de ses aventures.

À presque soixante-dix ans, Harrison Ford s'autorise à jouer avec son image en interprétant un vieillard aigri aux côtés de Daniel Craig dans *Cow-boys & Envahisseurs* (J. Favreau, 2011).

Film méconnu dans la carrière d'Harrison Ford, *42* (B. Helgeland, 2013), l'histoire du joueur de baseball Jackie Robinson, permet à l'acteur de donner la réplique au regretté Chadwick Boseman.

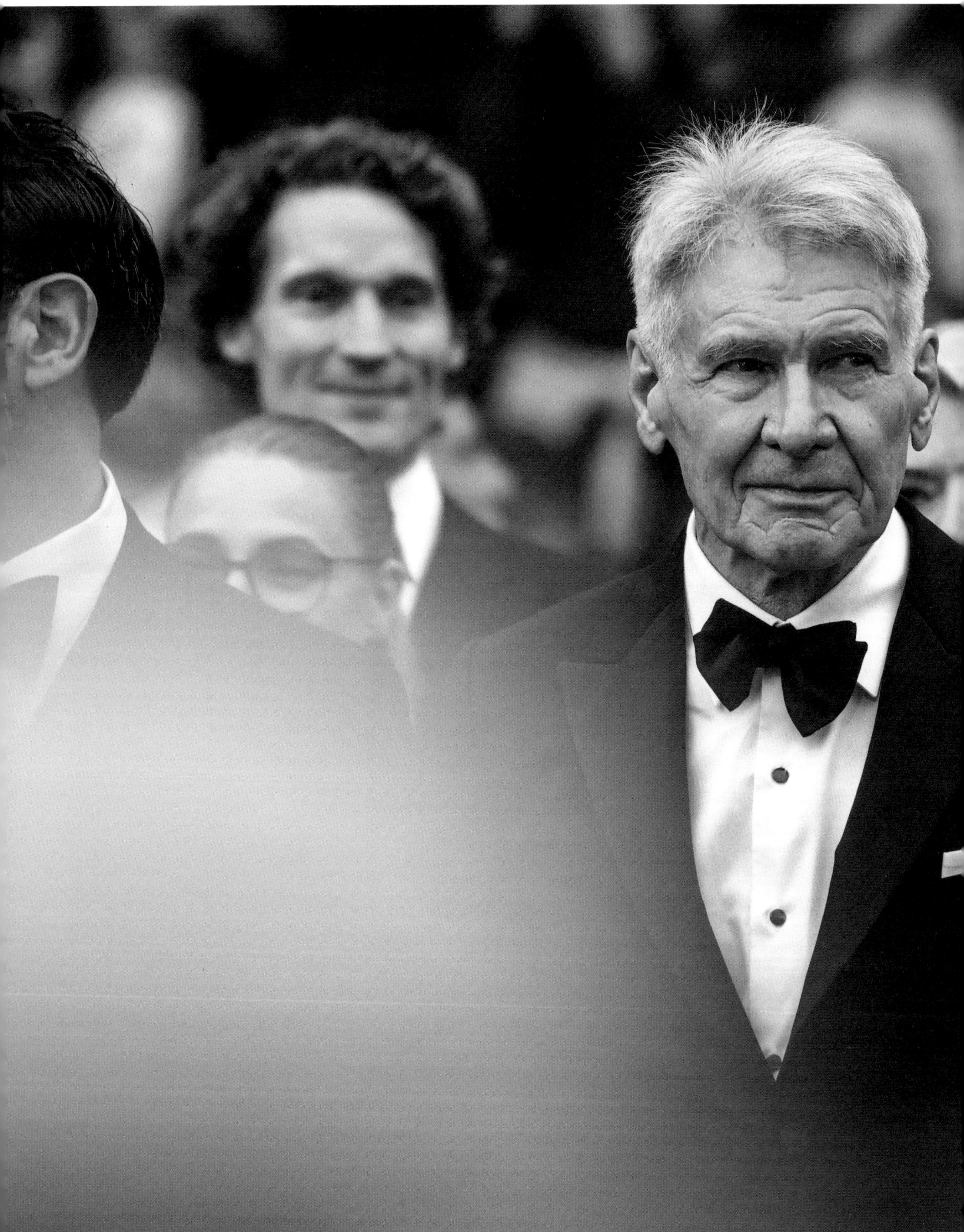

Harrison Ford et Mads Mikkelsen assistent à l'avant-première d'*Indiana Jones et le cadran de la destinée* au Festival de Cannes en mai 2023.

2023 : Palme d'honneur pour Harrison Ford, 81 ans, lors de la 76ème édition du Festival de Cannes.

FILMOGRAPHIE

Camilla Sparv et Harrison Ford
sur le tournage d'*Un truand*
(B. Girard, 1966).

UN TRUAND

1966

Dead Heat on a Merry-Go-Round

Bernard Girard

Scénario : Bernard Girard

Acteurs principaux : James Coburn, Camilla Sparv, Aldo Ray, Nina Wayne, Robert Webber, Todd Armstrong

Durée : 104 min

Sortie : 12 octobre 1966 (France, 28 juin 1967)

Box-office USA : 2,2 millions de dollars (20,55 millions actuels)

Entrées France : 272 401

Eli Kotch est un braqueur de banques compulsif. Avec deux complices, il compte dévaliser celle de l'aéroport de Los Angeles, le jour de la visite d'une délégation soviétique.

Un rôle de groom pour sa première au cinéma. Harrison Ford, vingt-quatre ans, fait une brève apparition en liftier d'hôtel de luxe. On le voit arpenter les couloirs du palace en répétant machinalement « *Un télégramme pour M. Ellis !* » Ce n'est pas infamant mais ce n'est pas non plus très gratifiant. Et puis le film n'est pas non plus inoubliable.

LUV, EST-CE L'AMOUR ?

1967

Luv

Clive Donner

Scénario : Elliott Baker, d'après la pièce de Murray Schisgal

Acteurs principaux : Jack Lemmon, Peter Falk, Elaine May, Nina Wayne, Eddie Mayehoff, Paul Hartman

Durée : 93 min

Sortie : 28 juillet 1967 (France, sortie limitée 27 février 1968)

Box-office USA : 2,3 millions de dollars (20,9 millions actuels)

Deux amis perdus de vue se retrouvent fortuitement. L'un a tout réussi, l'autre, tout raté. Le premier présente sa femme, qui refuse de divorcer, au second dans l'espoir qu'elle tombera amoureuse de lui.

Pour son deuxième film, un an après *Un truand*, Ford n'est toujours pas crédité au générique. Il doit se contenter d'une figuration de trente secondes dans le rôle d'un automobiliste hippie en colère, portant béret et gilet en moumoute. Sa réplique ? « *Bonjour* ». Tirez le rideau. *Love*, la pièce originale écrite par Murray Schisgal en 1963, a longtemps été jouée en 1965-1966 au théâtre Montparnasse à Paris avec Laurent Terzieff, Pascale de Boysson et Bernard Noël dans une mise en scène de Maurice Garrel. Le film, en revanche, n'a eu droit chez nous qu'à une sortie limitée à l'hiver 1968. Un fiasco personnel pour Ford doublé d'un flop commercial pour le réalisateur Clive Donner (*Quoi de neuf Pussycat ?*, 1965).

1967

LA POURSUITE DES TUNIQUES BLEUES

Harrison Ford sous l'uniforme d'un lieutenant confédéré.

1865, dans les tout derniers jours de la guerre de Sécession. Des prisonniers sudistes s'échappent de la prison d'un fort nordiste en prenant en otage la fiancée du commandant.

A Time for Killing

Phil Karlson

Scénario : Halsted Welles, d'après le roman de Nelson et Shirley Wolford

Acteurs principaux : Glenn Ford, Inger Stevens, George Hamilton, Paul Petersen, Harry Dean Stanton, Timothy Carey, Kenneth Tobey

Durée : 88 min

Sortie : 1er novembre 1967 (France, 2 juillet 1968)

Box-office USA : 1,1 million de dollars (9,99 millions actuels)

Entrées France : 272 755

Pour son premier western, Harrison Ford reste muet et trouve le moyen d'être abattu hors champ. Il interprète un lieutenant confédéré que l'on aperçoit une poignée de secondes à l'écran. Le tournage est mouvementé : en conflit avec la Columbia, Roger Corman abandonne la réalisation au bout de deux semaines de tournage et emmène avec lui une partie de l'équipe technique. Phil Karlson, baroudeur de séries B, expert en films noirs, reprend les choses en main et injecte au projet une bonne dose de violence, voire de cruauté. On aura ainsi droit à cette scène à la fois raciste et sadique dans laquelle un prisonnier confédéré est exécuté par des Noirs qui ne savent pas viser ! Au demeurant, en dépit d'un scénario assez brillant signé Halsted Welles (*3h10 pour Yuma* en 1957, *La Colline des potences* en 1959), la réalisation de Karlson se révèle trop plate, trop heurtée par moments, pour susciter un vif intérêt.

1968

LA BRIGADE DES COW-BOYS

Sept amis cow-boys, en mal d'aventures et de sensations fortes, rejoignent les troupes confédérées au début de la guerre de Sécession.

Heureusement il y a la chanson « The Yellow Rose of Texas », fleuron du folk américain depuis la guerre de Sécession, guimauve vocale pour crooners, pour emballer ce drôle de western. Le metteur en scène William Hale récupère là un projet destiné initialement à son compatriote Mervyn LeRoy. Harrison Ford, tout à droite sur la photo, donne la réplique à des acteurs de sa génération qui ont percé avant lui : James Caan, Michael Sarrazin, Paul Petersen ou Don Stroud. Une fois de plus, hélas, il passe relativement inaperçu au sein de cette distribution chorale. *« Le principe de base consistait à caser un maximum d'acteurs dans chaque plan. C'était un film vraiment très mauvais*[1] », avouera-t-il un jour. Ça tombe bien, personne ne l'a vu en France. Dommage car le parallèle esquissé en creux entre les cow-boys de la guerre de Sécession et les *boys* envoyés se battre au Viêtnam au moment de la sortie du film était une idée intéressante. Comme dans la vraie vie, les héros du film découvrent avec amertume que toute guerre est sale et qu'elle ne laisse personne indemne.

1 *Studio*, octobre 1997.

Journey to Shiloh
William Hale
Scénario : Gene L. Coon, d'après le roman de Will Henry
Acteurs principaux : James Caan, Michael Sarrazin, Brenda Scott, Don Stroud, Paul Petersen, Michael Burns, Jan-Michael Vincent
Durée : 101 min
Sortie : 17 mai 1968 (France, inédit)
Box-office USA : 407 500 dollars (3,5 millions actuels)

1970

CAMPUS OU C.Q.F.D.

États-Unis, 1970. Harry Bailey, un vétéran du Viêtnam encore idéaliste, retourne à la fac pour décrocher son diplôme et enseigner l'anglais. Mais il peine à rester à l'écart des protestations étudiantes.

C'est un film un peu curieux, qui oscille entre le brûlot politico-sociétal et la comédie de mœurs. *Campus* préfigure ce que sera le Nouvel Hollywood dans les années à venir. Le moustachu Elliott Gould (le mari à la ville de Barbra Streisand) s'est révélé au grand public quelques mois plus tôt dans *M.A.S.H.*, la comédie irrévérencieuse de Robert Altman qui se déroule pendant la guerre de Corée. À ses côtés, on remarque surtout Candice Bergen, blonde élégante et froide, découverte d'abord dans *Le Groupe* de Sidney Lumet puis dans *La Canonnière du Yang-Tsé* avec Steve McQueen en 1966. Ford, lui, hippie à cheveux longs et à l'air ahuri, reste abonné aux rôles obscurs. On l'aperçoit brièvement dans des scènes de groupe.

Getting Straight
Richard Rush
Scénario : Robert Kaufman, d'après le roman de Ken Kolb
Acteurs principaux : Elliott Gould, Candice Bergen, Robert F. Lyons, Jeff Corey, Max Julien, Cecil Kellaway
Durée : 124 min
Sortie : 13 mai 1970 (France, 2 décembre 1970)
Box-office USA : 13,3 millions de dollars (103,9 millions actuels)
Entrées France : 157 738

1973

AMERICAN GRAFFITI

Bob Falfa à bord de sa Chevrolet 55 noire – un outsider selon son interprète, Harrison Ford.

Modesto, Californie, 1962. Deux copains, tout juste diplômés, passent une dernière nuit avec leur bande du lycée avant de rejoindre la fac sur la côte est.

American Graffiti
George Lucas
Scénario : George Lucas, Gloria Katz et Willard Huyck
Acteurs principaux : Richard Dreyfuss, Ron Howard, Paul Le Mat, Charles Martin Smith, Cindy Williams, Candy Clark, Mackenzie Phillips
Durée : 110 min
Sortie : 1er août 1973 (France, 20 mars 1974)
Box-office USA : 115 millions de dollars (785 millions actuels)
Entrées France : 1,24 million

George Lucas raconte et filme sa propre histoire dans la petite ville de Californie où il a grandi. Après l'échec de sa fiction dystopique *THX 1138*, un premier long-métrage expérimental réalisé quand il était encore étudiant à USC (University of Southern California), le futur milliardaire du cinéma opte pour un récit beaucoup plus léger, empreint de nostalgie. Un film générationnel où il enterre son adolescence au son du rock n'roll, du vrombissement des dragsters et des scènes de drague autour d'un milk-shake. L'action se déroule à Modesto en 1962, le temps d'une longue soirée de fin d'été, avant que chaque protagoniste ne s'oriente vers sa future vie d'adulte. C'est à la fois léger et grave comme peuvent l'être les dernières fois des adolescents. Tous les jeunes comédiens jouent juste. Et la bande-son, épatante, égrène tous les tubes qui ont bercé l'Amérique à la fin des années 1950 et au début des années 1960 : Chuck Berry, Bill Haley, The Platters, Fats Domino, The Beach Boys, Buddy Holly… « *Où étiez-vous en 62 ?* », questionne l'affiche du film.

Au départ, Universal n'en veut pas. Mais, devant l'insistance de Francis Ford Coppola, intouchable à Hollywood depuis qu'il s'apprête à sortir son *Parrain*, le studio capitule. Universal financera bien – quoique *a minima* – le projet de son copain, George Lucas, que Coppola a rencontré quelques années auparavant dans les locaux d'une autre major, la Warner, pour laquelle il réalisait alors le film musical *La Vallée du bonheur* (1968). En contrepartie, le jeune Lucas n'aura pas le *final cut* (droit de regard sur le montage final) et Coppola en sera le producteur exécutif. Grâce à Fred Roos, sa bonne fée depuis ses années Columbia, Harrison Ford hérite d'un petit rôle, celui d'un jeune homme arrogant en Stetson venu défier à la course automobile le champion local (Paul Le Mat) à bord d'une Chevrolet 55 noire – la même que celle du cultissime *Macadam à deux voies* de Monte Hellman sorti deux ans plus tôt. Ce n'est pas encore l'extase, mais c'est toujours ça. Dans le milieu du cinéma, il ne faut jamais insulter l'avenir…

Le tournage débute le 26 juin 1972 à San Rafael, à deux heures de route de Modesto, et doit s'achever six semaines plus tard, le 4 août. Comme le script se déroule le temps d'une seule soirée,

Parce que son salaire d'acteur était moindre que ce qu'il pouvait gagner dans le même temps en tant que menuisier, Harrison Ford faillit refuser le rôle de Bob Falfa.

les prises de vues doivent toutes être bouclées la nuit, entre 21 heures et 5 heures du matin. D'où le recours à deux caméras pour ne pas perdre de temps. Lucas sait déjà que sa mise en scène s'affinera en salle de montage. Comme souvent, cependant, un imprévu vient perturber ce planning fort contraignant. De peur d'être poursuivie pour manque à gagner par un patron de bar de la ville, la municipalité révoque sur-le-champ son autorisation de tournage. L'équipe doit donc en urgence trouver un point de chute. Ce sera Petaluma, à trente-cinq kilomètres au nord, dans le comté de Sonoma.

Largement désœuvré entre deux prises, Ford fait un peu les quatre cents coups avec son complice Paul Le Mat. Et le duo d'uriner dans les machines à glaçons du *Holiday Inn*, de jeter des canettes de bière vides sur le parking de l'hôtel depuis un balcon, d'improviser des mini-courses-poursuites en Chevrolet dans la paisible bourgade, et même de provoquer un départ d'incendie dans l'une des chambres. Toutes ces frasques finissent par agacer sérieusement le producteur exécutif au point que Ford est exilé à l'autre bout de Petaluma. Lors de la fête de fin de tournage, et après que l'équipe a visionné un extrait du montage définitif, il aura cette phrase prémonitoire : *« On tient un putain de succès*[1] *! »*

1 John Baxter, *George Lucas : A Biography*, HarperCollins, 2000.

ÇA NE PEUT PAS ÊTRE TA VOITURE. CE DOIT ÊTRE LA VOITURE DE TA MÈRE ! JE SUIS GÊNÉ DE TANT D'INTIMITÉ !
BOB FALFA

George Lucas sur le tournage d'*American Graffiti* (avec Mackenzie Phillips et Paul Le Mat).

CONVERSATION SECRÈTE

C'est Ford (ici avec Gene Hackman) lui-même qui suggère à Coppola que le personnage qu'il interprète dans *Conversation secrète* est probablement homosexuel.

San Francisco. Harry Caul, un spécialiste de la filature et des écoutes téléphoniques secrètes, surprend une conversation étrange entre un jeune couple sur Union Square. Il en déduit que l'homme et la femme sont menacés de mort.

The Conversation
Francis F. Coppola
Scénario : Francis F. Coppola
Acteurs principaux : Gene Hackman, John Cazale, Allen Garfield, Frederic Forrest, Cindy Williams, Michael Higgins, Elizabeth MacRae, Teri Garr, Harrison Ford, Robert Duvall
Durée : 113 min
Sortie : 7 avril 1974 (France, 5 juin 1974)
Box-office USA : 4,67 millions de dollars (28,7 millions actuels)
Entrées France : 244 909

Encore et toujours un rôle modeste. Ford n'arrive qu'en neuvième position au générique et au bout de presque une demi-heure à l'écran. Il joue Martin Stett, l'assistant du « Directeur », le mystérieux commanditaire d'écoutes téléphoniques illégales (Robert Duvall). Quatre séquences seulement mais très convaincantes pour donner vie à un personnage trouble, assez malsain, tout en violence contenue. Mais capable, curieusement, d'offrir des cookies maison à son visiteur, Harry Caul (Gene Hackman), l'as de la surveillance à distance, l'anti-héros du film.

Ford s'est démené comme un fou pour étoffer un personnage mineur que le script initial, à l'automne 1972, se bornait à définir comme un simple « *jeune homme* ». D'abord élégamment habillé d'un luxueux costume de velours vert Brioni, puis d'un pull beige de bon goût, son Martin Stett adopte des manières raffinées lors de son unique scène avec Robert Duvall, suggérant une attirance sexuelle pour son patron. À l'origine, Ford a été pressenti pour former avec Cindy Williams, sa partenaire d'*American Graffiti*, le couple adultérin espionné par Caul. Cependant, à l'issue des essais, Coppola garde Cindy Williams mais préfère lui adjoindre un autre acteur, Frederic Forrest. Selon lui, il émane de Ford une mâle assurance trop évidente, laquelle risque de nuire au suspense de l'intrigue.

Au lendemain du Watergate, *Conversation secrète* a tout du thriller paranoïaque à la mode dans ces années 1970 fortement idéologisées (*Klute*, *À cause d'un assassinat*, *Les Trois jours du Condor*, etc.) Sur fond d'un solo de piano mélancolique, presque entêtant, composé par David Shire, Gene Hackman est époustouflant dans la peau d'un homme solitaire, associable et taciturne, obnubilé par son travail de l'ombre, rongé par la culpabilité au point d'en perdre la raison – un homme qui,

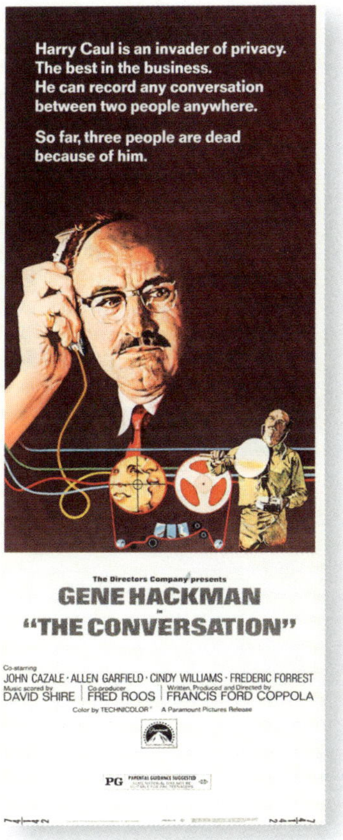

EN CE PRINTEMPS 1974, LE FILM DE COPPOLA DÉCROCHE LA PALME D'OR AU FESTIVAL DE CANNES.

Martin Stett, premier rôle dramatique pour Harrison Ford.

jusque-là, a toujours tenu à distance ses émotions et va être brutalement submergé par celles-ci. Coppola, qui au tout début du projet avait songé à Marlon Brando, n'a jamais eu à regretter d'avoir choisi Gene Hackman : ce dernier « *était parfait pour le rôle,* dira-t-il, *parce qu'il est si ordinaire, apparemment si banal. C'est important de montrer que le personnage s'absout lui-même de toute responsabilité, qu'il est l'instrument des autres*[1]. »

Pour son opus à petit budget tourné en extérieurs à San Francisco entre ses deux *Parrain* (mais auquel il pense dès 1966 après la sortie de *Blow-Up* de Michelangelo Antonioni), Coppola s'est inspiré des méthodes artisanales d'un véritable espion, un certain Leo Jones, qui habitait à l'époque à deux pas des bureaux de la production à San Francisco[2]. En ce printemps 1974, son film décroche la Palme d'or au Festival de Cannes.

Stett (Ford) à Caul (Hackman) : « Ne vous mêlez pas de ça, M. Caul. Ces enregistrements pourraient bien vous causer des ennuis… »

1 *Sight & Sound*, automne 1973.
2 Jordan Mintzer, *Conversations avec Dean Tavoularis*, Synecdoche, 2022.

1977

LA GUERRE DES ÉTOILES

« Il n'y a qu'une seule personne à qui j'accepte d'obéir, c'est moi ! » Han Solo

Il y a bien longtemps, dans une galaxie lointaine, très lointaine… un groupe de rebelles guidés par un chevalier Jedi tente de s'opposer au régime de terreur imposé par l'Empire.

Star Wars

George Lucas

Scénario : George Lucas

Acteurs principaux : Mark Hamill, Harrison Ford, Carrie Fisher, Peter Cushing, Alec Guinness, Anthony Daniels, Kenny Baker, Peter Mayhew, David Prowse

Durée : 121 min

Sortie : 25 mai 1977 (France, 19 octobre 1977)

Box-office USA : 461 millions de dollars (2,3 milliards actuels)

Entrées France : 6,45 millions (2ème place de l'année au box-office)

Le film qui change tout. À trente-quatre ans, dix ans après ses débuts hésitants, Harrison Ford bascule dans une autre dimension, dont il sortira pour toujours sous les traits d'Han Solo, un contrebandier solitaire au grand cœur, un cynique débonnaire aux marges de la légalité, un héros auquel chacun peut s'identifier par écran interposé. *« Le cow-boy à la James Dean, avec un vaisseau spatial à la place d'un cheval*[1] » dont rêvait George Lucas. Initialement, le réalisateur/producteur pense confier le rôle à Glynn Turman, un acteur noir. Mais il se ravise, songe à William Katt et Nick Nolte, puis à Christopher Walken. Fausses pistes. Sur les conseils de l'agent Fred Roos, qui s'improvise directeur de casting, il opte pour Harrison Ford qu'il a déjà vu à l'œuvre dans *American Graffiti* (1973) mais aussi dans le plus sérieux *Conversation secrète* (1974) de son ami Coppola. De l'avis de Lucas, Ford s'y montrait *« le plus drôle, le plus fou, mais il était capable aussi de paraître menaçant*[2]. »

Lucas lui adjoint Mark Hamill (Luke Skywalker), vingt-cinq ans, venu du monde des séries télés et des téléfilms, ainsi que Carrie Fisher (Leia Organa), vingt ans, un seul second rôle à son actif dans le film *Shampoo* (Hal Hasby, 1975) et accessoirement fille de Debbie Reynolds,

1 J. W. Rinzler, *The Making of Star Wars*, Del Rey Books, 2007.

2 *Id.*

l'actrice mythique de *Chantons sous la pluie* (1952). Voilà son trio de choc pour tenir les trois rôles majeurs de son *space opera*. Aucune star au générique. Autant dire un sacré pari pour une production oscillant tout de même entre six et huit millions de dollars de budget (entre trente et quarante millions actuels). United Artists et Universal n'en ont pas voulu. La Fox, elle, a flairé le filon…

Le scénario est commencé en avril 1973, achevé en mai 1974, remanié en janvier 1975 et bouclé au mois d'août de la même année. George Lucas réussit l'exploit de raconter une histoire qui les contiendrait toutes, structurée par l'éternel combat du Bien contre le Mal. Ce n'est pas pour rien que le redoutable Dark Vador, le personnage que l'on adore détester, peut être considéré comme le plus grand méchant de toute l'histoire du cinéma. Sa stature, son souffle rauque, sa voix, sa panoplie… tout est fascinant en lui. Entre imaginaire moyenâgeux (la robe de moine d'Obi-Wan) et vision futuriste (les vaisseaux, les planètes, les sabres-laser), la saga couchée sur papier emprunte à tous les mythes (héroïques, chevaleresques, religieux), se nourrit de quantité de référents culturels, à commencer par deux œuvres fondatrices : l'essai *Le Héros aux mille et un visages* de Joseph Campbell (1949) et le film *La Forteresse cachée* d'Akira Kurosawa (1958). L'ordre des Jedi ? Calqué sur les cultes chamaniques d'Amérique centrale. L'Empire ? Inspiré par une dictature déshumanisée dépeinte par George Orwell. L'androïde star doré, C-3PO ? Un hommage au robot féminin du génial *Metropolis* de Fritz Lang en 1927. Maître Yoda ? Une figure bouddhique. Le code des Jedi ? Guère éloigné de celui des samouraïs. La cérémonie finale ? Un clin d'œil au *Triomphe de la volonté* de Leni Riefenstahl. Les Stormtroopers ? Une résurgence des Sturmtruppen de l'armée impériale allemande lors de la Première Guerre mondiale. Luke Skywalker ? Le mythe de l'Élu, dont se sont inspirés deux autres « conteurs » exceptionnels, J.R.R. Tolkien (*Le Seigneur des Anneaux*) et Frank Herbert (*Dune*). Luke ou la figure archétypale du héros, appelé à accomplir un destin plus grand que lui au terme d'une série d'épreuves initiatiques périlleuses.

HAN SOLO AU SUJET DE LA PRINCESSE LEIA
ÉPATANTE CETTE FILLE. JE ME DEMANDE SI JE VAIS LA TUER OU SI JE VAIS TOMBER AMOUREUX D'ELLE.

Les trois héros du *space opera* : Mark Hamill, Carrie Fischer et Harrison Ford.

Dans son autobiographie, *The Princess Diarist* (2016), Carrie Fischer révèle sa brève liaison avec Harrison Ford entretenue sur le tournage de *La Guerre des étoiles*.

Début 1975, Lucas fait appel à Ralph McQuarrie, un ami illustrateur de chez Boeing, afin qu'il esquisse cinq scènes-clés de son récit initiatique, parmi lesquelles R2-D2 et C-3PO évoluant sur le sable ou bien encore l'*Étoile noire*. Les prises de vues auront lieu en Angleterre (curieusement moins chère que les États-Unis pour une production américaine), en Afrique du Nord (à Nefta et Tozeur en Tunisie notamment), au Moyen-Orient, aux États-Unis et au Guatemala, tandis que les effets spéciaux seront préparés dans l'atelier californien I.L.M. (Industrial Light & Magic) dont Lucas est propriétaire. « *On était assis dans un parc industriel et on utilisait la lumière pour créer de la magie,* dira le réalisateur. *C'est bien ça qu'ils allaient faire*[3]. »

---

3 J.W. Rinzler, *Le Making of Star Wars*, Akileos, 2014.

Mark Hamill, Carrie Fischer et Harrison Ford lors d'une conférence de presse à Denver en juin 1977.

Le tournage est avalé en soixante-dix jours, entre mars et juillet 1976. Pourtant, les ennuis techniques lors des scènes en extérieurs n'ont cessé de s'amonceler, des tempêtes de sable aux pluies diluviennes en passant par les températures caniculaires : parfois, les camions s'embourbent, parfois les plaques dorées du droïde C-3PO fondent sous la chaleur… Pour les scènes en studios (couloirs de l'*Étoile de la mort*, *cantina* de Mos Eisley, cockpit du *Faucon Millenium*…), l'équipe pléthorique se retrouve à Elstree au nord de Londres. Pour la première fois, Ford découvre les impondérables et la lourdeur d'une très grosse machinerie. Son « travail » s'achève le 24 juin 1976, après sa quarante-deuxième journée de tournage. En coulisses, cependant, il déplore la pauvreté des dialogues que Lucas inflige à son personnage. Un mot est resté célèbre sur le plateau. Un jour, il lance à son réalisateur/scénariste : *« Tu peux écrire ces conneries, George, mais certainement pas les jouer*[4] *! »*

L'opus est évidemment loin d'être terminé. D'autant que le studio I.L.M. doit concocter trois-cent-cinquante plans d'effets spéciaux ! Et à l'époque, cette tâche fastidieuse demeure encore très artisanale. C'est à John Dykstra, vingt-neuf ans, diplômé en design industriel, que l'on doit ce tour de force. L'ancien assistant

« Si on arrive à éviter que les bonnes femmes s'en mêlent, on devrait pouvoir se tirer de là. »
Han Solo

4 *Skywalking : the Life and Films of George Lucas*, Dale Pollock, 1999.

« Ça va, vous tracassez plus pour les p'tits zigotos de l'Empire. J'vous avais dit que je les sèmerai. »
Han Solo

de Douglas Trumbull, le responsable des effets spéciaux de *2001, l'Odyssée de l'espace* (Stanley Kubrick, 1968), s'entoure cet été-là d'une poignée de *geeks* (étudiants, ingénieurs, artistes). Ensemble, dans un entrepôt de Van Nuys de la banlieue de Los Angeles, ils vont expérimenter de nouveaux procédés pour rendre plus crédibles les déplacements supersoniques des vaisseaux dans l'espace. Dykstra invente ainsi... la Dykstraflex, une caméra de *motion control* bricolée chez I.L.M. à partir d'un vieux modèle VistaVision, capable de reproduire l'effet vitesse, d'offrir une meilleure incrustation des arrière-plans et de tourner de manière répétée autour de modèles réduits. Faute de moyens suffisants, la petite équipe ne peut cependant terminer à temps. Si bien que la sortie de *La Guerre des étoiles* est repoussée de Noël 1976 au printemps suivant. Mais n'a-t-elle pas déjà réussi à « *accomplir le travail d'une année en six mois*[5] » ?

Cette mythologie des temps modernes sort aux États-Unis dans... 32 cinémas le 25 mai 1977. Deux ans plus tôt, *Les Dents de la mer* de l'ami Spielberg avait été projeté dans 409 salles. Mais, magie du cinéma, *La Guerre des étoiles* déjoue tous les pronostics, conjure les prophéties défaitistes des spécialistes d'Hollywood. Triomphe immédiat et absolu ! La foule se rue aux projections. Des enfants « sèchent » l'école. Au *Mann's Chinese Theatre* de Los Angeles, la dernière bobine n'a pas encore été livrée que le film est déjà visible à l'écran. Un engouement sidérant. Et peu importe que le vénérable Alec Guinness (Obi-Wan Kenobi) ait jugé les dialogues insipides et creux. Dans la salle de 1 350 places du *Coronet* de San Francisco, le public hurle dès l'arrivée des vaisseaux spatiaux et les cris de joie ne cessent qu'à la moitié du générique de fin. C'est de la folie. « *À certains moments, il y avait d'un côté la queue des acheteurs de tickets, de l'autre celle de ceux qui en avaient déjà un, et ces deux files étaient tellement longues qu'elles se rejoignaient de l'autre côté du pâté de maisons*[6] », se souvient une voisine de l'établissement, aujourd'hui démoli.

Trois millions de dollars (quinze millions actuels) de recettes dès la première semaine d'exploitation. Record mondial

5 *Mini Rockyrama*, 2015.

6 Peter Hartlaub « *Star Wars* and the *Coronet* in 1977 : an oral history »

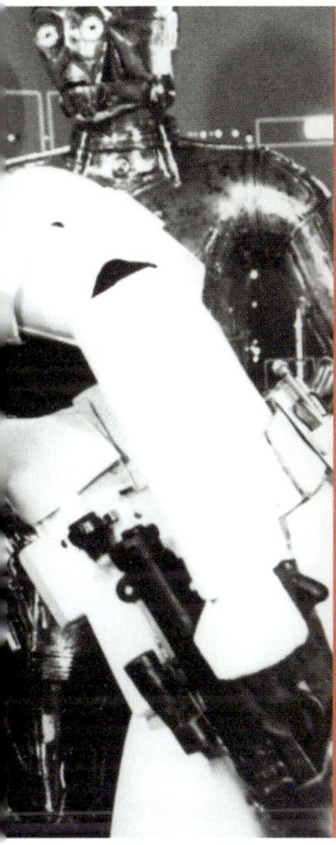

« Entre ton petit copain psycho qui hurle et toi qui mitrailles tout le monde, c'est un miracle qu'on ne soit pas encore repéré ! »
Luke Skywalker

pour l'époque ! Certains spectateurs campent sur place, devant les cinémas, pour être sûrs d'entrer. D'autres reviennent voir le film et répètent à tout bout de champ comme un mantra l'une de ses répliques cultes : « *Que la Force soit avec vous.* » « *Je l'ai vu au* Chinese Theatre, *la file d'attente était impressionnante, ce qui surprenait tout le monde parce qu'on pensait que le film n'allait rien faire* », racontera Joe Dante, trente ans à l'époque, fan absolu et futur réalisateur des *Gremlins* (1984). « Star Wars *est devenu un blockbuster alors que le studio, la Fox, avait envisagé de ne pas le sortir parce qu'il le détestait.*[7] » James Cameron (*Terminator*, *Titanic*, *Avatar*) voit tout simplement dans *Star Wars* le moteur de sa future carrière : « *Le film m'a vraiment boosté. J'ai quitté mon boulot*

7 *Télérama*, hors-série *Star Wars*, novembre 2015.

TOUTES CES CROYANCES À LA NOIX ET CES ARMES DÉMODÉES, ÇA NE VAUT PAS UN BON BLASTER AU CÔTÉ.
HAN SOLO

de conducteur de camion, et je me suis dit : "Bon, si je veux faire ça, je ferais mieux de m'y mettre tout de suite". » Idem pour Frank Darabont (*Les Évadés*, *La Ligne verte*) ou encore Peter Jackson (*Le Seigneur des Anneaux*) : « *Aller voir* Star Wars *a été l'une des expériences les plus excitantes de toute ma vie.* » Une semaine après sa sortie, Ford peut encore assister tranquillement à une séance dans une salle comble. Certains spectateurs discutent même avec lui sans le reconnaître[8]. Mais ce sera la dernière fois.

En décembre 1977, le box-office dépasse les 190 millions de dollars de recettes (953 millions actuels). Le précédent record établi par *Les Dents de la mer* est pulvérisé. Nommé pour onze oscars l'année suivante, *La Guerre des étoiles* en rafle sept, dont ceux de la musique (John Williams), des costumes (John Mollo) et des effets visuels (John Stears et son équipe). La vente des produits dérivés (figurines, accessoires, jeux, bandes dessinées, tee-shirts, boîtes de céréales...) dynamite tout sur son passage. L'Europe succombe à son tour au phénomène, puis le reste du monde. George Lucas, qui a pris soin de négocier avec la Fox les droits du *merchandising*, la propriété des licences musicales et d'obtenir 40 % des recettes nettes, se découvre bientôt multimillionnaire. De quoi l'aider à surmonter plus facilement son hypertension, son diabète et ses douleurs à la poitrine que le stress d'une telle aventure a fait flamber. Le futur nabab du cinéma a inventé le film de masse couplé au film d'auteur au cœur du Nouvel Hollywood. N'en est-il pas tout à la fois le concepteur, le scénariste, le réalisateur et le producteur ? Le phénomène *Star Wars* est lancé tel un météore. Rien ne l'arrêtera.

Harrison Ford et, dans la « peau » de Chewbacca, l'acteur Peter Mayhew, qui obtint le rôle du wookie grâce à sa très haute taille (2,21 m). Lors du décès de son partenaire en 2019, Ford décrira « [...] un homme bon et affectionné, d'une grande dignité et d'un caractère noble [ayant] apporté à Chewbacca des aspects de sa personnalité, en plus de son intelligence et de sa grâce. Il lui a insufflé son âme. »

8 Anecdote rapportée par Alexis Orsini, *Harrison Ford, L'acteur qui ne voulait pas être une star*, Dunod, 2017.

1977

HÉROS

Un vétéran du Viêtnam souffrant de stress post-traumatique s'évade d'un hôpital et s'embarque dans un périple routier pour retrouver les hommes de son unité.

Heroes
Jeremy Kagan
Scénario : James Carabatsos
Acteurs principaux : Henry Winkler, Sally Field, Harrison Ford, Val Avery, Olivia Cole
Durée : 112 min
Sortie : 17 novembre 1977 (France, 10 octobre 1979)
Box-office USA : 33,5 millions de dollars (167,5 millions actuels)
Entrées France : 43 523

Dans ce film post-*Guerre des étoiles* (mais qu'il a tourné avant la sortie de ce dernier), Ford renoue avec un rôle mineur. Toutefois, s'il n'apparaît qu'à la cinquantième minute, son personnage de vétéran du Viêtnam, traumatisé par les horreurs de la guerre et vivant reclus dans sa caravane du Missouri, se révèle tout à fait convaincant. Il donne la réplique à Henry Winkler, l'inoubliable « Fonzie » de la série télé *Happy Days*, et à Sally Field, qui elle aussi cherche à passer durablement du petit au grand écran.

1978

L'OURAGAN VIENT DE NAVARONE

Seconde Guerre mondiale. Un agent allemand infiltré dans la résistance yougoslave doit être éliminé par deux rescapés de l'opération des Canons de Navarone pendant qu'un groupe d'experts tente de faire sauter un pont vital pour l'ennemi.

Le dixième long-métrage[1] d'Harrison Ford se révèle l'inverse du précédent : un rôle important... dans un film qui ne l'est pas du tout. Cette suite inaboutie (dix-sept ans plus tard) des *Canons de Navarone* (J. Lee Thompson, 1961) ne convainc personne. Que sont Gregory Peck et David Niven devenus ? Au regard de sa précédente prestation dans *Héros*, Ford a gagné en temps de présence mais a perdu au change, malgré ses galons de lieutenant-colonel. Le scénario est à la fois paresseux et bancal. L'acteur a accepté le rôle pour de mauvaises raisons : un juteux contrat et son nom en haut de l'affiche. Le tournage de quatre mois dans les Balkans lui semble interminable. Résultat ? Un beau gâchis à l'écran que le réalisateur de quatre *James Bond* produits dans les années 1960 et 1970 ne parvient pas à compenser malgré de spectaculaires scènes d'action. Pour se consoler, le spectateur peut toujours admirer la plastique irréprochable de l'ex-Bond Girl Barbara Bach, un an après sa prestation remarquée dans *L'espion qui m'aimait*.

Force 10 From Navarone
Guy Hamilton
Scénario : Robin Chapman et Carl Foreman, d'après une histoire de Carl Foreman et le roman d'Alistair MacLean
Acteurs principaux : Robert Shaw, Harrison Ford, Barbara Bach, Edward Fox, Franco Nero, Carl Weathers, Richard Kiel
Durée : 118 min
Sortie : 7 décembre 1978 au Royaume-Uni (France, 20 décembre 1978)
Box-office USA : 7,23 millions de dollars (33,6 millions actuels)
Entrées France : 889 099

1 Hors *Zabriskie Point* de Michelangelo Antonioni puisque ses scènes ont toutes été coupées au montage.

Dans *L'ouragan vient de Navarone*, Harrison Ford a pour partenaire Richard Kiel, inoubliable Requin de *L'espion qui m'aimait* (L. Gilbert, 1977).

Triangle amoureux sur fond de conflit mondial entre Harrison Ford, Lesley-Anne Down et Christopher Plummer.

GUERRE ET PASSION

1979

Londres, pendant la Seconde Guerre mondiale. David, un pilote américain, vit une passion fulgurante avec Margaret, une infirmière anglaise, mariée à Paul, un agent secret britannique… que David doit bientôt escorter en France derrière les lignes ennemies.

Pour son onzième film, Ford a droit à sa première scène d'amour (assez chaste cependant) à l'écran. À la demande pressante de son compatriote Peter Hyams, l'acteur de trente-six ans remplace au pied levé Kris Kristofferson. Direction Londres, où il interprète un pilote de bombardier américain tombant amoureux d'une infirmière anglaise, mariée à un officier des Services secrets britanniques. Cette romance à la *Casablanca* se télescope hélas avec la vie conjugale agitée des époux Ford. Pendant qu'Harrison prépare son séjour prolongé en Angleterre, Mary s'apprête à demander le divorce à Los Angeles. Ses absences répétées depuis la sortie de *La Guerre des étoiles* ont fini par saper les fondements d'une relation déjà fragilisée.

Hanover Street
Peter Hyams
Scénario : Peter Hyams

Acteurs principaux :
Harrison Ford, Lesley-Anne Down, Christopher Plummer, Alec McCowen, Richard Masur, Michael Sacks
Durée : 109 min
Sortie : 18 mai 1979 (France, 26 septembre 1979)
Box-office USA : 3 millions de dollars (12,5 millions actuels)
Entrées France : 17 223

UN RABBIN AU FAR WEST

1979

The Frisco Kid
Robert Aldrich
Scénario : Michael Elias et Frank Shaw
Acteurs principaux : Gene Wilder, Harrison Ford, Ramon Bieri, Val Bisoglio, George DiCenzo
Durée : 119 min
Sortie : 13 juillet 1979 (France, 5 septembre 1979)
Box-office USA : 9,35 millions de dollars (39 millions actuels)
Entrées France : 156 213

Lors de la conquête de l'Ouest vers 1850, un rabbin polonais part aux États-Unis fonder une congrégation à San Francisco. Il est escorté par un braqueur au grand cœur, qui après l'avoir détroussé, entreprend de l'aider.

Un ovni qui n'aurait jamais dû tomber, en 1978, entre les mains de notre acteur. Le personnage du sympathique braqueur de banques a été écrit pour John Wayne, décédé peu après la remise de la première version du scénario. Poussé par Willard, son fils de neuf ans, qui rêve de le voir jouer au moins une fois un cow-boy dans un western parodique, Ford relève le défi. Peut-être aurait-il dû s'abstenir… On ne s'étonnera pas d'apprendre que la plupart des majors hollywoodiennes ont refusé le projet quelques années plus tôt, lequel lorgne tantôt du côté western-spaghetti indigeste, tantôt du côté humour juif pesant. Ce *Rabbin au Far West* demeure pour tout dire assez irregardable aujourd'hui. On a dû mal à croire que le même Robert Aldrich a réalisé quelques décennies auparavant de grands films tels que *Vera Cruz*, *En quatrième vitesse*, *Qu'est-il arrivé à Baby Jane ?* ou encore *Les Douze Salopards*.

1979

AMERICAN GRAFFITI, LA SUITE

Harrison Ford, de retour dans la suite d'*American Graffiti*.

More American Graffiti
Bill Norton
Scénario : Bill Norton, d'après les personnages créés par George Lucas, Gloria Katz et Willard Huyck
Acteurs principaux : Paul Le Mat, Cindy Williams, Candy Clark, Charles Martin Smith, Mackenzie Phillips, Bo Hopkins, Ron Howard
Durée : 110 min
Sortie : 3 août 1979 (France, 6 février 1980)
Box-office USA : 15 millions de dollars (62,7 millions actuels)
Entrées France : 39 062

Quatre histoires imbriquées, quoique séparées d'une année, se déroulent chacune un 31 décembre.

Retour éphémère de Bob Falfa à l'écran. L'amateur de grosses cylindrées du premier volet d'*American Graffiti* est devenu officier de police dans le second, six ans plus tard. Casque de motard sur la tête, Ford apparaît à peine, le temps d'une courte scène, le regard dissimulé sous des lunettes de soleil. Une seule journée de tournage en Californie lui a suffi. Sa présence pour faire plaisir à George Lucas, uniquement producteur pour cette suite, confine au *cameo* de luxe. Un clin d'œil plus qu'un rôle dans un film mineur.

1979

APOCALYPSE NOW

Apocalypse Now
Francis Ford Coppola
Scénario : John Milius et Francis Ford Coppola avec la collaboration de Michael Herr, d'après le roman de Joseph Conrad
Acteurs principaux : Marlon Brando, Martin Sheen, Robert Duvall, Frederic Forrest, Albert Hall, Sam Bottoms, Laurence Fishburne, Dennis Hopper, Harrison Ford
Durée : 146 min, puis 202 min (Redux) et 182 min (Final Cut)
Sortie : 15 août 1979 (France, 19 mai 1979 à Cannes puis 26 septembre)
Box-office USA : 96 millions de dollars (401 millions en 2023)
Entrées France : 4,53 millions (2ème place de l'année au box-office)

Pendant la guerre du Viêtnam, le capitaine Willard est chargé par les services secrets d'éliminer le colonel Kurtz qui, reclus dans la jungle entouré de fanatiques, mène des opérations punitives contre l'ennemi.

« *Ce n'est pas un film sur le Viêtnam, c'est le Viêtnam*, assène Coppola au Festival de Cannes en 1979 devant une presse médusée. *Et la façon dont nous l'avons réalisé ressemble à ce qu'étaient les Américains au Viêtnam. Nous avions trop de monde, trop de matériel, trop d'argent, trop de tout, et, peu à peu, nous sommes devenus fous.* »

Avec ce film devenu « son » Viêtnam, Coppola a vécu un enfer sur Terre. Son projet « *Apo* » est un spectacle baroque hallucinatoire, dont le tournage dantesque, échelonné sur 1976 et 1977, a nourri la légende : deux cent trente-huit jours de tournage réels en pleine jungle aux Philippines, vingt-sept millions de dollars de budget, soit l'équivalent de cent-dix millions aujourd'hui. L'armée philippine du commandant Marcos a prêté ses hélicoptères « Huey » (le modèle Bell UH-1 Iroquois) que l'équipe du film a dû repeindre le matin aux couleurs de l'armée américaine avant de les rendre le soir à leurs couleurs d'origine. Car le Pentagone a refusé de prêter les siens. Jusqu'à six cents personnes ont travaillé sur l'incroyable décor du temple cambodgien du colonel Kurtz, intégralement construit en briques de terre cuite, acheminées par des buffles d'eau, des traîneaux et des grues en bambou puisqu'il s'est avéré impossible de faire manœuvrer « *des camions, des grues, des tracteurs ou des pelleteuses*[1] ». Peu après

1 Jordan Mintzer, *Conversations avec Dean Tavoularis*, Synecdoche, 2022.

Harrison Ford alias le colonel G. Lucas dans *Apocalypse Now*.

son arrivée Martin Sheen a été victime d'un infarctus. La suite ? Le typhon Olga[2] a ravagé les plateaux au bout de deux mois (« *le vent soufflait si fort que les palmiers étaient couchés à un angle de quarante-cinq degrés*[3] »), et si Brando n'a rien perdu de son surpoids, Coppola, lui, a minci de quarante kilos, basculant peu à peu dans une folie douce au point d'exiger tout et n'importe quoi.

Aussi, quand *Apocalypse Now* sort sur les écrans nord-américains au cœur de l'été 1979, auréolé de sa palme d'or cannoise conquise trois mois auparavant, Harrison Ford est déjà une star. Et personne ne comprend pourquoi l'acteur de trente-sept ans demeure cantonné à ce rôle d'officier de l'armée américaine insignifiant. À l'origine du projet, trois ans plus tôt, il se murmure que Francis Ford Coppola aurait envisagé de lui confier le rôle principal, celui du capitaine Willard, l'homme chargé de traquer au fin fond de la jungle vietnamienne le terrifiant colonel Kurtz (Marlon Brando). Mais aucune offre écrite n'aurait cependant été formulée à son agent. Si bien que Ford n'aurait pas été dans la boucle lors des ultimes arbitrages après le limogeage d'Harvey Keitel au bout d'une semaine de tournage. Tandis que Martin Sheen hérite du personnage de Willard, Ford est de toute façon obligé de se retirer de l'aventure puisqu'il vient de rembarquer entre-temps dans les vaisseaux de *Star Wars*. Coppola, néanmoins, ne l'oublie pas. Il souhaite toujours l'arrimer à son film démentiel d'une manière ou d'une autre. Ford accepte *in fine* ce tout petit rôle de colonel à lunettes métalliques : on lui a assuré que cette figuration de luxe ne requerrait qu'une semaine de présence aux Philippines. Avec humour, et connaissant les liens qui ont uni Coppola et Lucas[4], il s'amusera à demander au département costume de lui préparer un badge pour son treillis au nom qu'il vient d'inventer à son personnage : G. Lucas.

2 Le typhon provoqua la mort de trois cent soixante-quatorze personnes. Les Philippines n'avaient pas connu pareil désastre naturel depuis trente ans.

3 Jordan Mintzer, *Conversations avec Dean Tavoularis*, Synecdoche, 2022.

4 Initialement, Lucas était censé réaliser *Apocalypse Now*, mais il s'est lancé dans l'aventure *Star Wars*.

1980

LA GUERRE DES ÉTOILES – L'EMPIRE CONTRE-ATTAQUE

Star Wars – The Empire Strikes Back
Irvin Kershner
Scénario : Leigh Brackett et Lawrence Kasdan, d'après une histoire de George Lucas
Acteurs principaux : Mark Hamill, Harrison Ford, Carrie Fisher, Billy Dee Williams, Anthony Daniels, David Prowse, Peter Mayhew
Durée : 124 min
Sortie : 21 mai 1980 (France, 20 août 1980)
Box-office USA : 292,75 millions de dollars (1,08 milliard actuels)
Entrées France : 4,05 millions (2ème place de l'année au box-office)

Il y a bien longtemps, dans une galaxie lointaine, très lointaine… Traqués par les forces de l'Empire, les rebelles se séparent : tandis que Luke cherche l'aide de Yoda, Han Solo est capturé.

Harrison Ford capitalise sur le succès public d'Han Solo. Fort de son nouveau statut, l'acteur négocie directement avec George Lucas dès 1978 pour étoffer son personnage et en faire l'égal de ses deux autres partenaires, Luke et Leia. Cela étant, le créateur de la saga n'a pas non plus à se faire violence pour valoriser dans le script l'importance du contrebandier spatial. Lucas est convaincu qu'il s'agit d'un trio indissociable, dont les interactions entre chacun des membres sont nécessaires à l'harmonie narrative de l'ensemble.

En parallèle, le père de la saga entame son bras de fer avec la Fox. Hors de question cette fois-ci d'abandonner l'essentiel des bénéfices au studio. Quitte à emprunter personnellement vingt millions de dollars, Lucas obtient une clé de répartition des recettes nettement plus favorable : 73 % pour lui, 27 % pour la major. En revanche, il abandonne volontiers le poste de réalisateur qu'il juge trop chronophage pour une production de cette envergure. Entre l'écriture, la mise en scène, le montage et la post-production, il a consacré plusieurs années de sa vie au premier opus. Désormais, il ne tient plus à s'investir autant dans un projet. Mais le brusque décès en mars 1978 de l'écrivaine Leigh Brackett, choisie pour écrire le scénario, l'oblige à s'atteler en urgence à cette tâche titanesque dont il pensait être délesté. Heureusement, il est épaulé par Lawrence

Les affiches de l'époque mettent l'accent sur la romance entre Leia et Han Solo.

Kasdan, trente ans, ex-rédacteur publicitaire venu à Hollywood avec des projets sous le bras (*Bodyguard* notamment) et à qui il vient, avec Spielberg, de confier l'écriture d'un film intitulé *Les Aventuriers de l'arche perdue*…

Pour cette suite de *La Guerre des étoiles*, le réalisateur Irving Kershner – l'ancien professeur de Lucas au sein de USC (University of Southern California) à Los Angeles – pose ses caméras en Norvège début mars 1979. Au menu ? Le pire hiver en quinze ans que le pays ait connu, avec blizzard quotidien et température moyenne systématiquement en-deçà de -20 °C. Les prises de vues s'achèvent sept mois plus tard dans les studios londoniens d'Elstree. Lors du tournage, Ford a l'idée de génie de modifier le dialogue entre Leia et Han avant la congélation carbonique de ce dernier. Quand Leia lance un vibrant « *Je t'aime* », Solo répond « *Je sais.* » Pour cette simple réplique qui deviendra culte,

– JE T'AIME.
– JE SAIS.
LEIA À HAN SOLO

Mark Hamill, George Lucas, Carrie Fischer et Harrison Ford sur le tournage du film en 1980.

Leia à Han Solo :
« J'espère que vous savez ce que vous faites…
– Oui, moi aussi… »

l'acteur s'est simplement souvenu que ces deux mots sont bien la dernière chose qu'une femme souhaite entendre après avoir déclaré sa flamme à quelqu'un.

L'Empire contre-attaque va plus loin et frappe plus fort que le premier épisode. C'est le meilleur de tous les films *Star Wars*, et de loin. La « Marche impériale » composée par John Williams, avec son martèlement sourd et ses envolées de cuivre – et que n'importe qui est capable de fredonner plus de quarante ans après – lui confère une puissance inégalée. La réplique légendaire de Dark Vador (*« Parce que je suis ton père*[1] ») vaut le déplacement car elle symbolise à elle seule toute la saga. Et puis, le public découvre Yoda, maître Jedi incontesté, créature verte d'à peine soixante centimètres dont le visage ressemble très vaguement à celui d'Einstein. Sur son marché domestique, le film rapporte plus de 140 millions de dollars (511 millions actuels) au terme de sa première exploitation, dont 92 millions pour Lucasfilm. Partout où il est diffusé, *L'Empire contre-attaque* affole les compteurs. Dans certaines grandes métropoles américaines, il faut parfois patienter une demi-journée avant de pouvoir accéder à une salle. *« Si la pop culture était un film, un seul, elle serait celui-là*[2] », clamera le magazine *Rockyrama* la veille de la sortie de l'épisode 7, *Le Réveil de la Force*, en 2015.

1 Cette réplique est prononcée onze ans plus tôt dans un western italien de Ferdinando Baldi, *Texas Adios*, avec Franco Nero et Cole Kitosch.

2 *Mini Rockyrama*, 2015.

Harrison Ford, David Prowse (Dark Vador), Carrie Fisher, Kenny Baker (R2-D2), Peter Mayhew (Chewbacca) et Mark Hamill prennent la pose à l'extérieur de l'hôtel *Savoy* de Londres, le 19 mai 1980.

1981

LES AVENTURIERS DE L'ARCHE PERDUE

1936. Les nazis convoitent l'Arche d'alliance qui renferme les Tables de la Loi brisées par Moïse trois mille ans auparavant. L'archéologue et aventurier Indiana Jones se lance à sa recherche, déterminé à doubler son ennemi juré, Belloq.

Raiders of the Lost Ark
Steven Spielberg
Scénario : Lawrence Kasdan, d'après une histoire de George Lucas et Philip Kaufman
Acteurs principaux : Harrison Ford, Karen Allen, Paul Freeman, Ronald Lacey, John Rhys-Davies, Denholm Elliott, Alfred Molina
Durée : 115 min
Sortie : 12 juin 1981 (France, 16 septembre 1981)
Box-office USA : 248,15 millions de dollars (827,5 millions actuels)
Entrées France : 6,39 millions (3ème place de l'année au box-office)

L'autre personnage culte de sa filmographie. Il y eut Han Solo, il y aura Indiana Jones. En à peine deux heures, Steven Spielberg renouvelle totalement le film d'aventures familial. Il y a du Tintin dans cet Indiana, mais un Tintin bougon, débraillé, un peu canaille, caustique et volontiers séducteur. Le rôle de l'archéologue coiffé du Traveller (un Fedora assoupli sur les bords) est en principe promis à Tom Selleck. L'Américain de trente-cinq ans (deux de moins que Ford) a fait forte impression aux auditions. Seulement, l'acteur est encore lié à la chaîne CBS, laquelle, devant l'intérêt soudain que suscite son poulain, s'empresse de lever son option pour sa nouvelle série en préparation, *Magnum*. Et comme il est hors de question de décaler le tournage, Selleck doit décliner la proposition de Spielberg. Le temps presse. Ford entre en piste. N'est-il pas trop marqué par Han Solo ? Non, estiment de concert Steven Spielberg et George Lucas. Car le projet émane bien du tandem béni d'Hollywood et non du seul auteur de *Duel*.

Fin mai 1977, alors que *La Guerre des étoiles* entame sa marche triomphale dans les salles obscures, Lucas éprouve le besoin de souffler au soleil, persuadé que son film ne tiendra pas la distance. Avec sa famille et deux proches, il se détend au *Mauna Kea Beach* d'Hawaï. Son ami Spielberg,

Comme tout bon (super)héros, Indiana Jones dissimule sous une défroque de professeur d'université un tempérament d'aventurier.

surfant depuis deux ans sur son triomphe des *Dents de la mer* (1975), les rejoint au bout de quelques jours. C'est là, entre deux cocktails sirotés à l'ombre d'un parasol sur le sable chaud, que les deux trentenaires imaginent le destin d'un nouveau héros de fiction inspiré de l'âge d'or d'Hollywood : un archéologue/universitaire intrépide des années 1930, maniant le fouet et l'humour comme personne, séducteur à la Cary Grant, prompt à foncer tête baissée pour sauver des trésors culturels de l'humanité convoités par d'affreux méchants. Le tout sur fond de pouvoirs mystiques et de forces occultes, sans aucun souci de vraisemblance. « *Nous avions une tradition à Hawaï,* confiera un jour Spielberg *: construire un château de sable de la chance. S'il survivait à la première marée haute, cela voulait dire que le film aurait du succès. S'il s'effondrait, cela signifiait que nous aurions du mal à rentrer dans nos frais*[1]. » Lucas a déjà en tête le nom de son personnage : Indiana Smith. Indiana, comme la chienne malamute d'Alaska de sa femme, Marcia ; Smith comme… des millions d'Américains.

1 Richard Schickel, *Steven Spielberg, Une rétrospective*, Éditions de La Martinière, 2012.

11 mars 1978 : George Lucas et Steven Spielberg sont récompensés pour leurs talents de metteurs en scène par la Directors Guild of America, le premier pour *La Guerre des étoiles* et le second pour *Rencontres du troisième type*.

Spielberg applaudit à l'idée, un peu moins au choix du patronyme. Il sera toujours temps d'en changer. En attendant, les deux hommes comptent se partager le projet : l'un produira et l'autre réalisera les trois épisodes envisagés. Juste avant *Les Dents de la mer* (1975), Spielberg a été privé de son rêve de réaliser un *James Bond*. Il se consolera avec cet « Indiana ».

Huit mois plus tard, le duo se mue en trio : le jeune Lawrence Kasdan est sollicité pour écrire le script des *Aventuriers de l'arche perdue*. Et quand vient l'heure d'esquisser le portrait-robot du futur héros nommé désormais « Jones » sur proposition de Spielberg, Lucas songe immédiatement à un Steve McQueen jeune ou bien un autre Harrison Ford. Kasdan, qui penche, lui, pour un nouveau Clark Gable, s'enferme ensuite pendant six mois pour rédiger le scénario. Fin juin 1978, il remet son premier traitement à Lucas. À ce stade, toutefois, le projet s'interrompt pendant plus d'un an : Lucas est accaparé par la suite de *La Guerre des étoiles* tandis que Spielberg met en scène *1941*, sa comédie de guerre post-Pearl Harbor. En août 1979, Indiana Jones revient au centre de leurs discussions. On commande à Jim Steranko, le célèbre dessinateur de *comics* (*Nick Furry, Agent of S.H.I.E.L.D.*), quatre planches en couleur. L'idée ? Définir le look du personnage et conférer un style

Inspirée par le personnage incarné par Jean Arthur dans *Seuls les anges ont des ailes* (H. Hawks, 1939), Marion (Karen Allen) n'est pas une demoiselle en détresse mais bien une dure à cuire.

visuel au film. Adviennent ainsi le fouet, le chapeau, la veste en cuir, le pantalon large d'Indiana – éléments immédiatement identifiables. En parallèle, Lucas et Spielberg démarchent les studios pour être épaulés financièrement. Warner semble partant avant que Paramount n'emporte la décision. L'affaire est officiellement bouclée le 30 novembre 1979 : Spielberg à la réalisation, Lucas à la production exécutive et Paramount à la distribution pour... cinq films (celui-ci assorti de quatre suites, si le succès initial le justifie). De son côté, Ford décroche le gros lot en mai 1980 : 400 000 dollars de cachet (1,32 million actuels) ainsi que 7 % sur les profits. À ce stade, le meilleur cachet de sa carrière.

Sur le tournage (mouvementé) des *Aventuriers de l'arche perdue* en 1981.

Le tournage, amorcé au printemps 1980, se révèle très éprouvant et pas seulement parce que toute l'équipe ou presque est décimée en Tunisie par une épidémie de dysenterie que les températures torrides ne font qu'accentuer. À trente-huit ans, Ford effectue lui-même le maximum de cascades (environ 95 % selon Glen Randall, le responsable de celles-ci), dont celle où il échappe, en ouverture du film, à l'énorme rocher qui menace de l'écraser. Bien sûr, ledit rocher est en plâtre et non en pierre, mais s'il devait être touché par cette masse lancée à pleine vitesse, l'acteur n'en serait pas moins écrabouillé comme un vulgaire biscuit. Dix prises tout de même seront nécessaires. Du reste, écrabouillé, il a bien failli l'être plus tard, lors de la scène de combat à mains nues contre le colosse devant l'avion. À un moment, Ford se coince le pied sous le pneu de l'engin qui commence à tourner sur la piste. Et il serait aujourd'hui amputé d'une jambe si un technicien n'avait réussi à actionner au dernier moment les freins de l'appareil. De même, la scène au milieu des serpents

Indiana Jones doit son élégance à Cary Grant mais emprunte également aux personnages de Tintin et d'Adrien Dufourquet, incarné par Belmondo dans *L'Homme de Rio* (P. de Broca, 1964).

L'acteur, non ophiophobe contrairement à son personnage, est protégé du cobra par une plaque de verre dont le reflet, visible à l'écran, sera supprimé lors de l'édition du film en DVD.

dans le Puits des Âmes doit encore hanter les esprits de Ford et de Karen Allen. L'acteur a beau être chaussé de bottes montantes, vêtu de tissu en cuir épais et protégé du cobra agressif qui l'accueille dans son repaire par une vitre spéciale, il n'est pas forcément rassuré… D'autant que le responsable des trois mille reptiles grouillant au sol s'aperçoit la veille de la prise que le sérum antivenimeux prévu en cas de morsure est périmé depuis deux ans ! Pour sa partenaire Karen Allen, le cauchemar est bien pire encore : elle doit évoluer pieds nus et moulée dans une robe blanche échancrée au milieu des pythons, des couleuvres et des cobras, dont quelques milliers de spécimens supplémentaires ont été acheminée en urgence pour accentuer la vision d'horreur. Nouvelles sueurs froides avec la cinquantaine de tarentules du temple péruvien chachapoya (reconstitué aux studios d'Elstree) qui, excitées par le ventilateur à pleine puissance manié par Spielberg, ont la désagréable manie de vouloir contourner les vitres de Plexiglas protégeant les techniciens. Enfin, la star doit apprendre à manier le fouet en prenant des cours particuliers à haute dose. Et ses épaules balafrées en porteront longtemps les stigmates.

Au fil des semaines, Lucas laisse son ami Spielberg s'emparer totalement de l'aventure. L'enfant chéri d'Hollywood réalisera effectivement le film tout seul, hormis une fois où Lucas l'escortera en Tunisie pour codiriger l'équipe lors de la scène de l'avion nazi des séquences égyptiennes. Les prises de vues s'achèvent après soixante-treize jours de travail, soit deux semaines d'avance sur le planning imposé par la Paramount. Le duo Spielberg/Lucas s'est fait plaisir et ça se voit à l'écran. Ford n'a jamais été aussi épanoui devant une caméra et ça se voit aussi. Il campe un Indiana dans lequel chacun peut se projeter : plus vulnérable que James Bond et moins narquois qu'Han Solo. À sa sortie en juin 1981 dans plus de mille salles aux États-Unis, *Les Aventuriers de l'arche perdue* fait un tabac monstre. À la fin de l'été, l'opus a déjà engrangé 125 millions de dollars (414 millions actuels) ; au bout de neuf mois, il caracole à plus de 212 millions (701 millions), ce qui le propulse en tête du box-office des films sortis en 1981, très loin devant *La Maison du lac* et *Superman 2*. L'année suivante, les premières aventures d'Indiana Jones glanent quatre oscars (décors, montage, son, effets spéciaux) et entrent à jamais dans la légende du cinéma populaire. Ford, lui, n'est plus une star, mais une méga-star.

DES SERPENTS ! IL FALLAIT QUE CE SOIT DES SERPENTS…
INDIANA JONES

File d'attente devant le cinéma *Paramount Opéra* lors de la sortie du film *Les Aventuriers de l'arche perdue* à Paris, le 16 septembre 1981.

1982

BLADE RUNNER

Rick Deckard – un rôle culte pour Harrison Ford dans un film qui l'est tout autant.

Los Angeles, 2019. Dans un monde post-apocalyptique, les humains ont fabriqué génétiquement des « Réplicants », sorte d'esclaves modernes. Après que ces derniers se sont violemment révoltés sur une colonie martienne, les androïdes sont bannis de la Terre. Une unité de police spéciale composée des *blade runners* traque six d'entre eux qui se sont infiltrés sur notre planète.

Blade Runner

Ridley Scott

Scénario : Hampton Fancher et David Webb Peoples, d'après le roman de Philip K. Dick

Acteurs principaux : Harrison Ford, Rutger Hauer, Sean Young, Edward James Olmos, M. Emmet Walsh, Daryl Hannah

Durée :117 min

Sortie : 25 juin 1982 (France, 15 septembre 1982)

Box-office USA : 32,9 millions de dollars (103,4 millions actuels)

Entrées France : 2,13 millions (17ème place de l'année au box-office)

Avec *Blade Runner*, Harrison Ford étoffe enfin sa palette d'acteur et prouve qu'il est l'un des meilleurs comédiens américains de sa génération. Rick Deckard, le *blade runner* en question, est taciturne, froid, laconique, mais vulnérable, touchant par son humanité. Le chasseur de primes finit par s'identifier à ceux qu'il traque sans relâche. Grâce à ce personnage ambigu, véritable anti-héros, Ford attire sur son nom un autre public, plus mature, plus exigeant. Le producteur du film avait besoin d'une star pour boucler financièrement son projet. Aussi s'est-il spontanément tourné vers Dustin Hoffman, oscarisé pour *Kramer contre Kramer* en 1980. Le réalisateur en était également persuadé : « *Un acteur comme lui peut tout faire.* [...] *Un acteur de cette dimension serait extrêmement valorisant pour le projet. Il aurait également conféré une certaine gravité à une histoire que l'on aurait pu percevoir comme un conte de fées. Hoffman aurait ancré Deckard dans la réalité*[1]. » Mais le producteur se ravise quand il comprend que l'acteur passé par l'Actor's Studio aimante le

1 Cité par *RockyRama* Hors-Série, « *Blade Runner*, Ridley Scott, 1982 », 2017.

personnage principal au lieu de se conformer au script. *Exit* Hoffman... et place à Ford. L'éternel recours. Toujours indispensable mais jamais au début de l'aventure, comme pour *La Guerre des Étoiles* puis *Les Aventuriers de l'Arche perdue*. La légende veut que ce soit la petite amie de l'un des deux coscénaristes, Barbara Hershey (future héroïne d'*Hannah et ses sœurs* de Woody Allen), qui ait soufflé son nom[2] au moment opportun, à moins de trois mois du début du tournage. Quand Ford est choisi, le premier *Indiana Jones* n'est pas encore sorti en salles.

Comme souvent à Hollywood, la genèse de ce film ambitieux s'avère assez tortueuse. Au tout début, dès 1969, un an après la sortie du roman de Philip K. Dick, *Les androïdes rêvent-ils de moutons électriques ?*, Martin Scorsese est le premier à songer à une adaptation au cinéma de cette fable philosophique hantée par les horreurs nazies, où les androïdes ne sont que des métaphores d'humains se comportant de manière inhumaine. Mais le metteur en scène, remarqué pour son premier long-métrage à vingt-cinq ans, *Who's That Knocking at My Door* (1967), renonce finalement à en acheter les droits. À partir de là, plusieurs producteurs (Robert Jaffe, Brian Kelly, etc.) vont se succéder jusqu'à ce que l'un d'eux, le Britannique Michael Deeley, se montre à la fois plus convaincant et plus respectueux de l'ouvrage, grâce à une première version d'un script, spontanément rédigé par un acteur de second plan de quarante ans reconverti en scénariste, Hampton Fancher. Lequel, en commençant à écrire, voyait plutôt Robert Mitchum dans le rôle principal.

Quand il remporte l'oscar du meilleur film[3] pour *Voyage au bout de l'enfer* en 1979, Michael Deeley devient subitement incontournable aux yeux des studios. Universal est tenté, avant de se retirer. *Idem* avec CBS Films. Finalement, la Warner entre en piste *via* la société montée par l'ancien acteur Alan Ladd.

2 Anecdote rapportée par Pierre Lunn, *Première Classics*, juillet-septembre 2022.

3 La tradition aux États-Unis veut que l'oscar du meilleur film soit remis à son producteur et non à son réalisateur.

Le privé (Harrison Ford) et sa belle (Sean Young).

Dans *Blade Runner*, Harrison Ford évolue dans une atmosphère qui rappelle l'aspect graphique du magazine *Métal Hurlant* et *The Long Tomorrow* de Moebius.

Il faut surtout convaincre un cinéaste de s'embarquer dans l'aventure. Trois Britanniques émergent du chapeau de Deeley : Adrian Lyne (*Flashdance* en 1983, *9 semaines ½* en 1986), Michael Apted (*Agatha* en 1979, *Nashville Lady* en 1980) et Ridley Scott (*Duellistes* en 1977). Le troisième se détache du lot, plébiscité par le public pour son *Alien* (1979), récompensé par l'oscar des meilleurs effets spéciaux. Même si, de son côté, Hampton Fancher aurait peut-être préféré l'Américain Robert Mulligan (*Du silence et des ombres*).

Le tournage du film est éprouvant pour l'acteur.

Ridley Scott aime soigner l'esthétique de ses films. Graphiste de formation (il est diplômé en design et a tourné des centaines de publicités), il accorde même un soin obsessionnel à leur identité visuelle, aux arrière-plans comme aux costumes et aux décors. Mais comment traduire en images ce roman noir dystopique sans en trahir l'esprit ? Scott sollicite Syd Mead, un designer industriel néo-futuriste, qui s'est illustré avec *Star Trek* (1979), dont le coup de crayon et la vision semblent se marier parfaitement avec le ton désenchanté, parfois effrayant, du livre de Philip K. Dick. Par moments, on se croirait dans le magazine *Métal Hurlant* (plus précisément dans l'album de Moebius, *The Long Tomorrow*) ou dans *Metropolis* de Fritz Lang. C'est à Mead qu'on doit le polygraphe, les autoplanes, le système d'entrée de l'immeuble de Deckard ou les nombreux véhicules que l'on aperçoit à l'écran.

Blade Runner est une splendeur visuelle, une matrice esthétique, un pur exercice de style (alternance de plongées et contre-plongées, variation des éclairages, cadrages audacieux), empruntant à la fois à la science-fiction (l'intelligence

Incroyables décors signés Lawrence G. Paull, récompensé d'un British Academy Film Award et nommé aux oscars.

artificielle, les androïdes, la disparition du monde animal, la manipulation des esprits...) et au polar noir (le flic solitaire fatigué et désabusé, la femme fatale, la nuit pluvieuse, les imperméables et les néons, une ville sinistre sans foi ni loi, un cauchemar éveillé...). Après tout, Deckard n'est-il pas un autre Philip Marlowe, le « privé » inventé par Raymond Chandler dans les années 1930 ? Ou même un *« Humphrey Bogart du futur »* selon le bon mot de Scott ? Dès les tout premiers plans du panorama urbain la nuit, le spectateur plonge dans un monde nouveau, aussi fascinant qu'inquiétant. Apparaissent aussitôt l'éclair, le vaisseau spatial, puis l'iris d'un œil enflammé en très gros plan. Ambiance Big Brother « orwellienne ». « *Blade Runner parle de paranoïa. Cet œil,* expliquera le metteur en scène, *souligne le dilemme de Deckard car, à la fin du film, il se met à penser qu'il pourrait être lui-même un Réplicant*[4]. »

4 Paul M. Sammon, *Future noir : the making of* Blade Runner, Dey Streets Books, 2017.

Première confrontation entre Rick Deckard (Harrison Ford) et Gaff (Edward James Olmos), l'homme aux origamis.

L'histoire est labyrinthique. Seules plusieurs visions du film permettent d'en dénouer tous les fils narratifs. Et encore... Le titre, dont la traduction littérale signifie « Celui qui court sur le fil du rasoir », renvoie à un ouvrage de science-fiction de l'Américain William S. Burroughs, *Blade Runner : A Movie* (1979), qui n'a pourtant strictement rien à voir. Mais c'est plus énigmatique, plus accrocheur que le premier titre retenu pour le film, d'une banalité confondante : *Dangerous Days*. La production s'empresse donc d'acheter les droits du livre de Burroughs. La musique de Vangelis avec ses nappes de synthé envoûtantes est une totale réussite (nomi-

nation aux BAFTA et aux Golden Globes), en osmose avec la tonalité de l'ensemble. Les effets spéciaux sont signés Douglas Trumbull, l'homme du miracle sur *2001, l'Odyssée de* l'espace de Stanley Kubrick, assisté de Richard Yuricich et David Dryer.

Les dix-sept semaines de tournage durant le printemps 1981 aux studios de Burbank, dans la banlieue d'Hollywood, là où se fabriquaient naguère à la pelle les films noirs des années 1930 et 1940 tels que *Le Grand Sommeil* ou *Le Faucon maltais*), ne sont pas franchement reposantes. Il faut tourner de nuit, à des cadences élevées, sous une pluie artificielle (« *pour maquiller le décor et faire oublier que nous tournions en studio*[5] », avouera Scott) et de surcroît, dans une atmosphère enfumée (invisible à l'écran mais nécessaire à la colorimétrie des images). Le perfectionnisme de Scott, couplé à sa brusquerie légendaire, épuise la patience de l'équipe tout autant que celle des comédiens. « *Ma manière de diriger ? Je dirais que c'est une dictature bienveillante* », disait-il sourire aux lèvres. Ford renâcle. Les deux hommes n'ont pas non plus la même conception du film et de la nature du héros : Rick Deckard est-il humain ou « Réplicant » finalement ?

RIDLEY EST EXIGEANT, MAIS PAS PLUS QUE MOI. IL A UNE VISION, QU'IL DÉFEND, J'EN AI UNE ÉGALEMENT, ET JE LA DÉFENDS. CELA CONDUIT À DES DISCUSSIONS, PUIS À UN ACCORD SUR LA CONCEPTION DU PERSONNAGE ET SA PLACE DANS L'ENSEMBLE DU FILM.

FORD À PROPOS DE RIDLEY SCOTT

Harrison Ford sous la direction perfectionniste de Ridley Scott.

Le cinéaste est foncièrement pessimiste, l'acteur plus optimiste. Frictions sur la ligne. Les projections test à Dallas (Texas) et Denver (Colorado) donnent finalement raison au second. Scott boude. Alors qu'il est retourné en Angleterre, la production remonte le film à son insu en y insérant une voix *off* afin de le rendre plus

5 Paul M. Sammon, *Future noir : the making of Blade Runner*, Dey Streets Books, 2017.

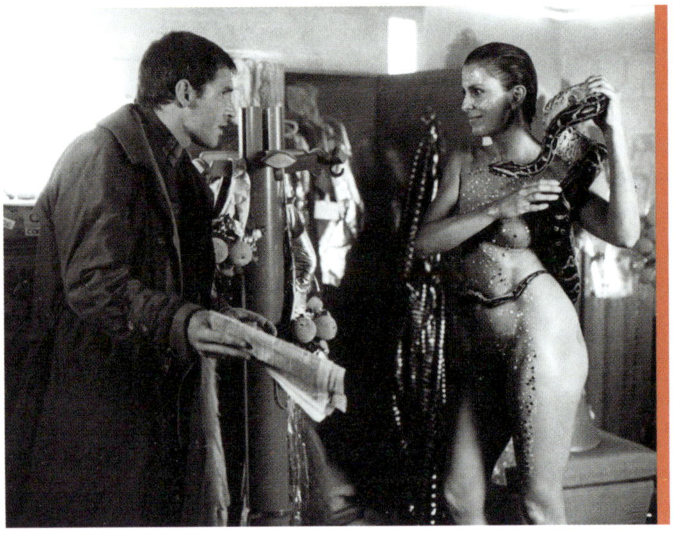

Deckard (Harrison Ford) face à la dangereuse « Réplicante » Zhora (Joanna Cassidy)...

compréhensible, ainsi qu'un *happy end* dans une nature verdoyante en décalage total avec l'ambiance générale. Pour cette séquence, on récupère en urgence, avec l'accord de Stanley Kubrick, les plans de montagne aériens non utilisés dans la scène d'ouverture de *Shining*. Cette fois, c'est Ford qui boude. « *Le tournage avait été long et pénible. J'étais tellement vidé que je ne voulais pas m'en mêler.* [...] *Je pensais que le concept même de narration en voix* off *avait montré ses lacunes et qu'ils ne l'utiliseraient pas. Et ils l'ont fait quand même*[6]. » Résultat ? La troisième version de son enregistrement de ladite voix suinte l'exaspération et l'ennui. Tant pis.

Avec Sean Young, ancien mannequin aux faux airs de Vivien Leigh (même si Ridley Scott voit plutôt en elle une projection fantasmée de Rita Hayworth qu'il a adorée dans *Gilda*) et premier rôle féminin de vingt et un ans, ce n'est pas non plus l'idylle. Les tensions s'accumulent et se ressentent au moment des prises. Lui, le comédien expérimenté, ne cesse de recadrer la néophyte, semble rejeter sa frustration sur sa jeune partenaire, qui trouvera là cependant le plus beau rôle de sa carrière. Leur scène de baiser supposé tendre sur le papier, requalifiée de « *hate scene*[7] » par la production, tourne au supplice : Young supporte difficilement

6 Entretien avec Paul M. Sammon, 2007, *in* *RockyRama* Hors-Série, « *Blade Runner*, Ridley Scott, 1982 », 2017.

7 Littéralement « scène de haine ». Jeu de mots avec la « hot scene », scène de sexe.

... puis en très mauvaise posture lors du combat contre Roy Batty.

Harrison Ford et sa partenaire, Rachel Young, au piano, avant la scène du baiser.

la pilosité coupante de Ford (*« la barbe naissante de Harrison m'irritait le visage*[8] *»* confiera-t-elle)… lequel vit mal l'intrusion de Scott dans ce moment d'intimité forcée. Les techniciens ne se privent pas non plus de surnommer le film *« Blood Runner »* après que le metteur en scène britannique a maladroitement déclaré à la presse qu'il aurait préféré tourner avec des compatriotes. La fin du tournage vire à la guerre de tranchées. La productrice exécutive, Kathy Haber, parlera de *« monument érigé au stress »*. Mauvais présage : Philip K. Dick meurt d'un arrêt cardiaque début mars 1982, quelques mois seulement avant la sortie d'une œuvre que l'écrivain attendait avec impatience après avoir vu en privé un premier montage d'une quinzaine de minutes.

8 *RockyRama* Hors-Série, « *Blade Runner*, Ridley Scott, 1982 », 2017.

Fiasco total dans les salles aux États-Unis au début de l'été suivant. *Blade Runner* indiffère le public, déconcerte la critique. Il est même crucifié par la grande prêtresse de l'époque, Pauline Kael. *« On aurait dit qu'on avait torturé des bébés ou quelque chose du genre*[9]*… »*, s'amusera après coup le cinéaste. Il est vrai que son opus se télescope avec la soucoupe d'*E.T.* de Steven Spielberg, laquelle débarquera sur Terre deux semaines plus tard, accaparant dès lors toute la lumière médiatique et, par conséquent, l'attention du grand public. Il est vrai aussi que les Américains acceptent difficilement de voir « leur » Han Solo transformé en policier du futur machiste, usé et frustré. Le film ne rapporte que 15 millions de dollars (47 millions actuels) cet été-là outre-Atlantique. Autant dire une misère… sachant qu'il en a coûté 28 millions (88 millions). En France, en

RICK DECKARD
VOUS LISEZ UN MAGAZINE ET VOUS TOMBEZ SUR TOUTE UNE PAGE DE PHOTOS DE FILLES NUES.
RACHEL
VOUS ME TESTEZ POUR SAVOIR SI JE SUIS UN RÉPLICANT OU UNE LESBIENNE, MONSIEUR DECKARD ?

9 Paul M. Sammon, *Future noir : the making of Blade Runner*, Dey Streets Books, 2017.

Cachée parmi les robots de Sebastian, Pris (Daryl Hannah), la petite amie de Roy, pense pouvoir échapper à Deckard (Harrison Ford).

J'AI VU TANT DE CHOSES QUE VOUS, HUMAINS, NE POURRIEZ PAS CROIRE. DE GRANDS NAVIRES EN FEU SURGISSANT DE L'ÉPAULE D'ORION. J'AI VU DES RAYONS FABULEUX, DES RAYONS C, BRILLER DANS L'OMBRE DE LA PORTE DE TANNHÄUSER. TOUS CES MOMENTS SE PERDRONT DANS L'OUBLI COMME LES LARMES DANS LA PLUIE. IL EST TEMPS DE MOURIR.
ROY BATTY

revanche, on se précipite dans les salles obscures, en dépit de la critique incendiaire de Philippe Manœuvre dans *Métal Hurlant*, le magazine de B.D. pourtant à l'origine de l'inspiration de Scott ! *« C'est Philip K. Dick qu'on assassine ! »* titre le mensuel n° 79 de septembre 1982.

Ce n'est que dix ans plus tard, en 1992, que l'opus maudit sortira des limbes outre-Atlantique, après qu'un archiviste d'une filiale de la Warner aura envoyé par erreur une copie de la version originelle – celle des projections test à Denver et Dallas – à un petit festival de cinéma à Los Angeles. Les cinéphiles crient au génie. Les projections sont rapidement prises d'assaut. La Warner comprend qu'elle détient une pépite dans ses cartons. Après moult péripéties internes, on exhibe alors en septembre 1992 le master caché de Scott (version intitulée *Director's Cut*), sans voix *off* cette fois (*« le p... de cauchemar*[10] *»* selon Ford) et sans épilogue lénifiant sur fond de paysages luxuriants. Où il apparaît que Rick Deckard serait vraisemblablement un « Réplicant », pourchassant ainsi une part de lui-même... On découvre en effet la fameuse scène de douze secondes du rêve de la licorne au galop. Celle-ci dessille brutalement les yeux du spectateur : l'anti-héros serait cet androïde qui s'ignore puisque Gaff (Edward James Olmos) serait capable de lui implanter ses pensées à son insu. Mais un androïde somme toute particulier, plus sophistiqué que les autres, qui serait l'équivalent d'un être humain. Voilà l'opus naguère méprisé aujourd'hui décrété chef-d'œuvre incontournable, et bientôt, film culte. Le réalisateur remanie une énième fois sa « création ». En 2007, il présente son ultime version à la Mostra de Venise, estampillée *Final Cut*. *Standing ovation* monstre dans la salle. À soixante-dix ans, après un quart de siècle d'une bataille en coulisses, Scott tient enfin le *Blade Runner* dont il a toujours rêvé.

Roy Batty (Rutger Hauer).

10 Entretien avec Paul M. Sammon, 2007, *in RockyRama* Hors-Série, « *Blade Runner*, Ridley Scott, 1982 », 2017.

1983

LA GUERRE DES ÉTOILES – LE RETOUR DU JEDI

Star Wars – Return of the Jedi
Richard Marquand
Scénario : Lawrence Kasdan et George Lucas, d'après une histoire de ce dernier
Acteurs principaux : Mark Hamill, Harrison Ford, Carrie Fisher, Billy Dee Williams, Anthony Daniels, Peter Mayhew
Durée : 131 min
Sortie : 25 mai 1983 (France, 19 octobre 1983)
Box-office USA : 314,9 millions de dollars (958,6 millions actuels)
Entrées France : 4,24 millions (5ème place de l'année au box-office)

Il y a bien longtemps, dans une galaxie lointaine, très lointaine… Luke Skywalker délivre Han Solo et la princesse Leia, tandis que l'Empire reconstruit une nouvelle *Étoile de la mort*, encore plus redoutable.

L'éternel retour d'Han Solo. Libéré de son bain de carbonite forcé, le personnage gagne encore en épaisseur bien qu'il perde en temps de présence. Ford lui confère une émotion insoupçonnée dans ce troisième volet de *La Guerre des étoiles*. L'acteur maîtrise totalement son sujet. Le plus drôle est que George Lucas table initialement sur son refus. Comme Ford n'a signé que pour deux films, il n'est pas contractuellement tenu d'enchaîner avec *Le Retour du Jedi*. Aussi, Lucas a-t-il commencé d'esquisser un script délesté de la présence du contrebandier. Et puis, tout s'est arrangé. Son agente Pat McQueeney s'est entendue avec le producteur Howard Kazanjian. Ford, partant pour l'aventure, donne son accord en avril 1980, juste avant la sortie du précédent opus, *L'Empire contre-attaque*.

Le Retour du Jedi – et non *La Revanche du Jedi*, le titre initial voulu par Lucas mais retoqué par une armée de fanatiques de la série au nom du pacifisme avéré des Jedi – sort six ans jour pour jour après le premier épisode de la saga. Clin d'œil aux fans auquel n'a pas résisté George Lucas. Pour ce film ambitieux qui clôt la trilogie, l'auteur sollicite un nouveau

metteur en scène après le désistement d'Irvin Kershner (*L'Empire contre-attaque*), le Britannique Richard Marquand, à qui l'on doit le film de guerre *L'Arme à l'œil* (1981) avec Donald Sutherland en espion nazi, même si son premier choix se portait sur l'Américain David Lynch, qui déclinera poliment la proposition, trouvant trop gentillet l'univers de la série. « *Plutôt que de choisir un réalisateur visionnaire, Lucas a alors préféré se tourner vers un véritable ouvrier, de préférence quelqu'un qui a travaillé pour la télévision, un milieu où il était normal que le réalisateur soir inféodé au producteur exécutif*[1]. » Un luxe de précautions entoure la diffusion du scénario. Le script circule au compte-gouttes. Le texte définitif est remis aux comédiens sous enveloppe scellée, laquelle est déchirée devant témoins juste avant la prise. Tout le monde redoute les fuites. On se croirait au Pentagone ! La production s'arrange même pour laisser filtrer de fausses versions du scénario afin d'égarer les chasseurs de scoops.

Amorcé le 11 janvier 1982 dans les studios d'Elstree, le tournage permet de découvrir un nouveau venu dans la galaxie, le repoussant Jabba le Hutt, monstrueuse limace verdâtre et lubrique aux yeux

1 Brian Jay Jones, *George Lucas, une vie*, Hachette Heroes, 2017.

HAN SOLO
COMMENT ON S'EN SORT ?
LUKE SKYWALKER
COMME D'HABITUDE.
HAN SOLO
SI MAL QUE ÇA ?

Après s'être longtemps opposés l'un à l'autre, Han Solo (Ford) et Leia (Fisher) se tombent dans les bras.

Sur Endor, le piège de la casemate se referme sur Han Solo (Harrison Ford).

orange. La créature de quatre mètres de long censée peser presque une tonne et demie est manipulée par quatre marionnettistes (deux pour les bras et la bouche, un pour la respiration et un pour la queue). Voilà pourquoi on la surprend toujours en position statique. Autre trouvaille : l'apparition des Ewoks (« Wookie » à l'envers), ce peuple d'oursons d'environ un mètre de haut vivant dans des huttes perchées dans les arbres de la planète Endor. Des jouets en peluche potentiels pour Noël ! Si Lawrence Kasdan espère un temps convaincre George Lucas de sacrifier un de ses trois personnages principaux pour gagner en intensité dramatique, le coscénariste doit cependant revoir sa copie : le « patron » de *Star Wars* tient à son conte de fées. Les héros ne disparaissent pas. Il faut bien écouler auprès des enfants les millions de produits dérivés. Ford soutient Kasdan. Lui aussi souhaiterait une fin à la hauteur d'Han Solo : *« Il n'a ni mère, ni père, ni avenir. À ce stade, il n'a plus aucune responsabilité dans l'histoire. On l'a amené jusque-là mais son histoire n'a pas de fin : mettons-y un peu de gravité grâce à son sacrifice*[2]. » Lucas se montre inflexible. Ford n'a plus qu'à faire son deuil de cette glorieuse mort qu'on lui refuse. Ce sera pour la prochaine fois, trente ans plus tard... Gary Kurtz, le producteur des deux premiers volets, déplore également cet *happy end* général, nullement prévu dans le schéma originel : *« Nous avions une ligne directrice et George a tout modifié. Au lieu d'une fin poignante et aigre-douce, il voulait désormais une fin euphorique où tout le monde serait heureux*[3]. »

En salles, le film de Richard Marquand fait un triomphe : 6 millions de dollars (18,2 millions actuels) de recettes sur le sol américain pour son premier jour d'exploitation. Bon nombre des spectateurs ont même posé un jour de congé. Nouveau record. En bout de course, *Le Retour du Jedi* se hisse sur le podium des films les plus rentables de tous les temps, juste derrière *La Guerre des étoiles* et *E.T.* Quand se referme cette première trilogie six ans après son lancement, Harrison Ford est le seul membre du trio de la saga (Luke-Leia-Han) à être devenu une star.

C-3PO
SA HAUTE MAGNIFICENCE, LE GRAND JABBA LE HUTT, A DÉCIDÉ D'EN FINIR AVEC VOUS. IMMÉDIATEMENT.
HAN SOLO
TRÈS BIEN, J'AIME PAS QUE ÇA TRAÎNE.

Les héros de l'Alliance dans la forêt d'Endor Solo (Harrison Ford), Leia (Carrie Fisher), Skywalker (Mark Hamill), Chewie (Peter Mayhew), entourent Anthony Daniels (C-3PO) et Kenny Baker (R2-D2).

2 J. W. Rinzler, *The Making of The Return of the Jedi*, Aurum Press, 2013.
3 Geoff Boucher, « *Star Wars* producer Gary Kurtz speaks out », *Los Angeles Times*, 12 août 2010.

1984

INDIANA JONES ET LE TEMPLE MAUDIT

« Willie » Scott (Kate Capshaw) et Indiana Jones (Harrison Ford).

Inde, 1935. Jones affronte une secte qui a dérobé une pierre sacrée et réduit les enfants d'un village en esclavage.

Indiana Jones and the Temple of Doom

Steven Spielberg

Scénario : Willard Huyck et Gloria Katz, d'après une histoire de George Lucas

Acteurs principaux : Harrison Ford, Kate Capshaw, Ke Huy Quan, Amrish Puri, Roshan Seth, Philip Stone, Roy Chiao

Durée : 118 min

Sortie : 23 mai 1984 (France, 12 septembre 1984)

Box-office USA : 179,87 millions de dollars (524,97 millions en 2023)

Entrées France : 5,68 millions (3ème place de l'année au box-office)

George Lucas produit, Steven Spielberg réalise. Le duo de choc d'Hollywood reprend son rythme de croisière. L'équipe technique demeure quasiment inchangée d'un *Indiana Jones* à l'autre. Ford est plus que jamais une superstar. Le tournage grandiose se déploie sur trois continents à compter du 18 avril 1983 et s'achève à Londres en studios le 8 septembre suivant. Les centaines de trucages sont bien sûr l'œuvre de Lucasfilm. Parce qu'il se donne sans compter lors des séquences au Sri Lanka, l'acteur vedette souffre comme jamais pour son dix-neuvième film : écrasement d'un disque intervertébral, infections virales de toutes sortes, dysenteries à répétition, morsures et piqûres à foison. Rien ne lui est épargné. Après son combat contre le Thug dans la chambre d'hôtel, Ford ne se relève pas.

Colonne bloquée. Panique de Spielberg. Lucas déboule en urgence de Los Angeles. Ford est finalement rapatrié en Californie pour être opéré de sa hernie discale. Retour sur le plateau début août.

Indiana Jones et le temple maudit ne renouvelle pas le genre mais entretient la flamme. C'est déjà pas mal pour une suite. Plus sombre et plus violent que le précédent, ce deuxième volet des aventures de l'archéologue est interdit aux moins de treize ans (une première aux États-Unis !). Il déroute aussi bien la presse que le public, même si les spectateurs se ruent dans les salles (70 millions de dollars au box-office en douze jours). L'exploitation des enfants drogués au fond de la mine, les sacrifices humains et les rites de magie noire, la cruauté des Thugs en Inde... autant d'ingrédients à la limite des codes du film d'horreur qui dérogent à la recette

RIEN NE M'EMBARRASSE. JE SUIS UN SCIENTIFIQUE.
INDIANA JONES

1984

Dans ce deuxième volet des aventures d'Indiana Jones, le héros fait équipe avec « Willie » Scott (Kate Capshaw) et Demi-Lune (Jonathan Ke Quan).

Harrison Ford dans la scène finale du film.

initiale : on se souvient tous de la scène où le grand prêtre Mola Ram (Amrish Puri) plonge son poing dans la poitrine de sa victime pour en extraire son cœur palpitant sanguinolent. Autre déception flagrante : pour avoir voulu constamment accélérer le rythme, le réalisateur et les deux scénaristes ont un peu perdu de vue les personnages, moins fouillés que lors du premier épisode.

Faute d'avoir pu réaliser un *James Bond*, Spielberg se console en injectant ici ou là quelques gourmandises bondiennes : Jones ne fait équipe plus avec Marion Ravenwood (Karen Allen) mais avec Willie Scott (Kate Capshaw, future madame Spielberg à la ville), accréditant désormais l'idée d'une « Indy Girl » par épisode comme pour l'agent secret britannique. De même, le cinéaste retient le principe du morceau de bravoure (la poursuite en wagonnets rappelle celle en tuk-tuk à Udaipur en Inde dans *Octopussy*, sorti en 1983) et celui du pré-générique (la bagarre en ouverture dans le cabaret *Obi-Wan* de Shanghai). Enfin, il adresse lors de cette séquence un clin d'œil vestimentaire à l'univers de 007 (le smoking blanc de Jones évoque celui de Bond dans *Goldfinger*). Le public suit toujours. Rien qu'en France, ce deuxième épisode attire plus de cinq millions et demi de spectateurs. On connaît des suites qui ont connu moindre fortune.

Clin d'œil à James Bond, Harrison Ford endosse le smoking blanc de Sean Connery dans *Goldfinger*.

1985

WITNESS : TÉMOIN SOUS SURVEILLANCE

Harrison Ford sur le tournage de *Witness*.

Witness
Peter Weir
Scénario : Earl W. Wallace et William Kelley, d'après une histoire de Pamela Wallace, Earl W. Wallace et William Kelley
Acteurs principaux : Harrison Ford, Kelly McGillis, Josef Sommer, Lukas Haas, Jan Rubes, Alexander Godunov, Danny Glover
Durée : 112 min
Sortie : 8 février 1985 (France, 22 mai 1985)
Box-office USA : 68,7 millions de dollars (193,6 millions actuels)
Entrées France : 2,20 millions (18ème place de l'année au box-office)

Philadelphie. Un jeune garçon d'une communauté amish est l'unique témoin d'un meurtre commis dans les toilettes d'un aéroport. L'inspecteur John Book est chargé de la protection du « témoin » et de sa mère, dont il tombe amoureux, pourchassés par des tueurs.

En incarnant un flic intègre de Philadelphie qui s'improvise charpentier au sein d'une communauté amish pour protéger le jeune témoin d'un meurtre, Ford peut conjuguer ses deux passions : l'art dramatique et la menuiserie. Le scénario que lui remet son agente Pat McQueeney à l'automne 1983 est emballant. Il offre à la star le pas de côté qu'elle attendait pour prouver sa valeur dans des productions indépendantes, plus exigeantes. Mais les studios ne se bousculent pas pour financer le projet apporté par Edward Feldman, encore intitulé *Called Home* à ce stade. La Fox boude les films « ruraux », la Warner n'est pas prête à verser un gros cachet à la vedette et la MGM juge ladite vedette incapable de tenir un tel rôle ! À Hollywood, personne ou presque ne voit en Harrison Ford un comédien de premier ordre. Et puis, contre toute attente, la Paramount se laisse finalement fléchir. La firme se sent-elle redevable du phénoménal succès des deux *Indiana Jones* ? Elle signe pour 12 millions de dollars (33 millions actuels).

Dans le rôle de John Book, Ford conjugue ses deux passions : l'art dramatique et la menuiserie.

Côté réalisation, Feldman, avec l'accord de Ford, opte pour Peter Weir. Le cinéaste australien s'est fait remarquer en 1982 pour son film *L'Année de tous les dangers*, dont l'arrière-plan politique auscultait la situation explosive en Indonésie au milieu des années 1960. Sur un plateau, Weir exige énormément de ses acteurs. Cela tombe bien : Ford entend relever le défi. Il a quelque chose à prouver. À la manière d'un Robert de Niro ou d'un Al Pacino, l'acteur de bientôt quarante-deux ans veut s'immerger dans le milieu de son personnage. Il effectue ainsi un stage de deux semaines dans le département homicide de la police de « Philly » et ne se dérobe même pas pour les rondes de nuit dans les quartiers mal famés de la cité. *« J'aurais pu être absolument ce John Book que j'incarne dans le film*[1] », confiera-t-il. Ford est en quête d'authenticité. Presque en mission. Il veut tout à la fois se départir des clichés et adopter les attitudes et le langage des vrais flics de terrain.

1 Jean-Jacques Jelot-Blanc, *Harrison Ford, le dernier aventurier du cinéma*, Éditions Garancière, 1987.

À ses côtés, dans la tunique austère de la séduisante veuve amish, l'Américaine Kelly McGillis, vingt-sept ans, qui n'a pourtant qu'un seul film à son actif, *Reuben, Reuben* (Robert Ellis Miller, 1983). Initialement, Peter Weir souhaitait confier le rôle à

S'ILS ME TROUVENT, ILS TROUVERONT LE GARÇON.
JOHN BOOK

Harrison Ford et le jeune Lukas Haas.

Peter Weir et ses acteurs sur le tournage de *Witness*.

John Book (Harrison Ford) et Rachel Lapp (Kelly McGillis) en mode protection rapprochée.

Glenn Close, mais celle-ci est accaparée par une comédie musicale à Broadway. Le metteur en scène n'aura pas à regretter son choix : le couple Ford/McGillis est touchant de pudeur et de désir contenu.

Jamais le comédien n'a semblé si juste à l'écran. Et Weir a la brillante idée de ne pas céder au *happy end* facile entre les deux protagonistes qui aurait tout gâché, tout comme il a été inspiré de faire « parler » ses images plutôt que ses deux personnages principaux dans la seconde partie à la campagne. Leur amour naissant s'épanouit dans le silence et les non-dits. À la toute fin, Book retourne à « sa » civilisation, laissant Rachel et son fils Samuel derrière lui au sein de leur communauté. Et c'est bien mieux ainsi. Au fond, le « témoin » du titre, c'est aussi le héros, John Book, qui observe les us et coutumes pastorales et anachroniques des Amish. La musique de Maurice Jarre est à l'unisson, oscillant entre tension et éveil du sentiment amoureux.

Tourné au printemps 1984 dans le comté de Lancaster (Pennsylvanie) au cœur de la communauté amish puis à Philadelphie, *Witness* est présenté en ouverture à

Après Stallone, Gibson, Eastwood, Gere et Nicholson, c'est à Harrison Ford qu'échoit le rôle de John Book.

Cannes l'année suivante. Pour sa première invitation sur la Croisette, Ford est plutôt bien loti. Ce thriller romantique est acclamé. Un an plus tard, l'acteur frôle la consécration aux oscars[2]. Candidat au titre de « meilleur acteur » au même titre que Jack Nicholson, James Garner et Jon Voight, il s'incline devant William Hurt mais gagne en retour la reconnaissance de la critique : il est devenu un véritable acteur de premier plan et plus seulement la tête d'affiche des « lucaseries ».

2 *Witness* remporte l'oscar du meilleur montage et du meilleur scénario.

1986

MOSQUITO COAST

Le pari fou d'Allie Fox (Harrison Ford) le mène jusque dans les montagnes du Honduras.

Un Américain utopiste et sa famille quittent tout et partent vivre au Honduras, en pleine jungle, au « royaume des moustiques ».

The Mosquito Coast
Peter Weir
Scénario : Paul Schrader, d'après le roman de Paul Theroux
Acteurs principaux : Harrison Ford, Helen Mirren, River Phoenix, Conrad Roberts, André Gregory, Martha Plimpton
Durée : 117 min
Sortie : 26 novembre 1986 (France, 25 février 1987)
Box-office USA : 14,3 millions de dollars (39,5 millions actuels)
Entrées France : 457 071

Le scénariste de *Taxi Driver* et d'*Obsession* a vraiment changé d'univers. Cap sur le Honduras, au fin fond de la jungle. L'Américain Paul Schrader adapte le roman de son compatriote, l'écrivain voyageur Paul Theroux. Ford se glisse dans la peau d'un inventeur utopiste, excessif, excentrique, brillant mais décalé, prêt à tout pour fuir avec sa famille cette civilisation aliénante qu'est devenue la société nord-américaine, ployant sous l'ultra-consumérisme et encourageant le gaspillage. Un rôle difficile mais valorisant. Autour de lui, l'étonnante Helen Mirren,

Allie Fox (Harrison Ford) et son fils, Charlie (River Phoenix).

formée à la Royal Shakespeare Company, interprète sa femme tandis que le regretté River Phoenix, quinze ans et demi, tout juste révélé dans *Stand by me* de Rob Reiner, joue son fils aîné. Le casting a de l'allure. Le scénario dessine un film écologiste avant l'heure. Pour la première fois de sa carrière, Ford, alias Allie Fox, incarne un anti-héros antipathique, pétri de contradictions, trop radical pour son entourage et qui finit par s'écrouler.

Peter Weir a ce film en tête depuis plusieurs années déjà. Faute d'appui financier, il a été contraint de remiser son projet en janvier 1984 avec l'idée, toutefois, de s'y atteler de nouveau dès que les conditions seraient réunies. Grâce au succès de *Witness*, elles le sont désormais. La Warner entre dans la boucle. Le metteur en scène a carte blanche ou presque. Il a déjà effectué tous ses repérages en Amérique centrale. Dans le rôle de l'insupportable Allie Fox, il verrait bien Jack Nicholson. Mais la star de *Shining* refuse de croupir de longues semaines au Bélize (pays voisin du Honduras) par peur de manquer un match de son équipe de basket favorite, les Lakers de Los Angeles ! Comme la production ne peut pas lui offrir d'incessants allers-retours en jet ni même lui garantir la possibilité de suivre les rencontres à la télévision, Nicholson fait savoir qu'il ne donnera pas suite aux manœuvres d'approche. Une fois de plus, surgit la piste Harrison Ford. L'éternel recours. Weir et lui se sont très bien entendus sur *Witness*. Revoir se former le duo est somme toute presque logique. En coulisses, cependant, Pat McQueeney exhorte son protégé à décliner la proposition. Elle pressent que *Mosquito Coast* le desservira auprès d'une large frange de son public. Têtu, habité par son sujet, Ford passe outre ses conseils. Il sera Allie Fox. Va pour l'aventure à Gracy Rock, au sud de la capitale Belize City.

Fin de partie pour Allie, veillé par ses proches (River Phoenix et Helen Mirren).

ON MANGE QUAND ON N'A PAS FAIM, ON BOIT QUAND ON N'A PAS SOIF, ON ACHÈTE CE DONT ON N'A PAS BESOIN ET ON JETTE TOUT CE QUI EST UTILE.
ALLIE FOX

Ford sera servi au-delà de ses espérances. Le tournage à la fin de l'hiver 1986 au « royaume des moustiques » dans la moiteur tropicale s'avère éprouvant même si la star a la chance d'être hébergé le soir sur le yacht de trente-sept mètres de long de son ami, le chanteur de country Jimmy Buffett, amarré à quatre cents mètres de la côte. Entre deux prises, le comédien lit et relit le roman de Theroux tout en s'entretenant avec l'auteur, venu leur rendre visite sur le plateau. Ford aime l'idée de se mettre en danger en se coltinant un personnage autodestructeur, guetté par une forme de folie. Cheveux longs et sales plaqués en arrière, teint hâlé mais traits tirés, fines lunettes de métal, casquette ridicule et chemisette hawaïenne étriquée, Ford change d'apparence pour mieux se conformer à l'idée qu'il se fait de cet Allie Fox. Il est méconnaissable. Et c'est peut-être justement là le problème : le public qui l'a adoré chez Spielberg ou chez Lucas est désarçonné. Il ne reconnaît plus « son » héros habituel. Il ne le lui pardonnera pas. Allie n'est pas Indy. Commercialement, *Mosquito Coast* est un désastre (sauf en France où il flirte avec le seuil des 500 000 entrées). Le film ne couvre même pas ses frais. Et la critique ne le sauve pas non plus. Pour la première fois depuis qu'il s'est arraché à son anonymat, la star absolue du box-office doit endosser un échec retentissant.

Harrison Ford et Peter Weir sur le tournage du film.

Malgré son échec commercial et public, *Mosquito Coast* est l'un des films favoris d'Harrison Ford.

1988 FRANTIC

Pour le Dr Walker (Harrison Ford), le cauchemar est réel.

Frantic
Roman Polanski
Scénario : Roman Polanski et Gérard Brach
Acteurs principaux : Harrison Ford, Emmanuelle Seigner, Betty Buckley, Gérard Klein, Dominique Pinon
Durée : 120 min
Sortie : 26 février 1988 (France, 30 mars 1988)
Box-office USA : 17,6 millions de dollars (45,1 millions actuels)
Entrées France : 1,29 million (18ème place de l'année au box-office)

Richard Walker, un cardiologue américain, est de passage à Paris pour assister à un congrès médical. Lorsque sa femme est kidnappée, la police suspecte une fugue et refuse de s'en mêler. Richard se retrouve embarqué dans une sombre affaire d'espionnage.

Il y avait sans doute une chance sur mille pour qu'Harrison Ford se retrouve en tête d'affiche de *Frantic*, le treizième long-métrage de Roman Polanski, dont l'intrigue se déroule à Paris. Mais il faut croire que la star américaine n'avait pas encore épuisé son quota de chance auprès des dieux du cinéma. Décembre 1986, Melissa Mathison est conviée dans la capitale française pour discuter de son dernier scénario, *Tintin*, d'après l'œuvre d'Hergé, avec le cinéaste franco-polonais. Normalement, pour ce type de déplacement d'affaires, Ford n'accompagne jamais son épouse. Mais la vague d'attentats revendiqués par Action Directe qui ensanglantent Paris et sa banlieue depuis plusieurs mois l'incite à se comporter différemment cette fois. Et voilà comment le couple Ford se retrouve dans l'appartement de Roman Polanski et de sa compagne, Emmanuelle Seigner, pour évoquer les projets du réalisateur. Tandis que ce dernier déroule le script de son prochain opus – la femme d'un

Américain venu pour un colloque à Paris est kidnappée dès son arrivée –, Ford se prend à imaginer qu'il pourrait lui-même jouer ce docteur Walker dont la vie bascule en un éclair. Il dit à son hôte d'un jour : « *Si le scénario final correspond vraiment à ce que tu viens de me dire, je le ferai*[1]. » Le plus drôle est que Polanski a initialement songé à Dustin Hoffman, celui-là même qui a privé Ford du rôle-titre du *Lauréat* vingt ans auparavant.

Harrison Ford, un Américain bien tranquille à Paris.

Adulé pour ses films *Rosemary's Baby* et *Chinatown* avant de devenir un paria pour avoir fui la justice californienne qui l'accuse de viol sur une mineure de treize ans, l'ex-enfant chéri d'Hollywood a besoin de se relancer. Son dernier film tourné en Tunisie et en mer Méditerranée, *Pirates*, s'est révélé un désastre commercial : 6,3 millions de dollars de recettes seulement (17,3 millions actuels) pour un budget de plus de 40 millions (110 millions). Autant dire que Polanski n'a plus trop le droit à l'erreur... Pour son thriller intitulé *Frantic* – dont le titre signifie « frénétique » en anglais –, il s'entoure de son coscénariste habituel, Gérard Brach (six films en commun à l'époque), ainsi que de deux *script doctors*, des spécialistes des causes scénaristiques désespérées, souvent appelés pour muscler un script

1 *Premiere* (US), mars 1988.

Roman Polanski dirige Emmanuel Seigner (Michelle) et Harrison Ford (Richard Walker).

mal ficelé sans être toujours crédités au générique. Résultat ? *Frantic* lorgne du côté d'Hitchcock avec un clin d'œil à la célébrissime scène de la douche de *Psychose*. Le film, dont l'histoire est concentrée sur un week-end, épouse uniquement le point de vue du héros.

Ford donne la réplique à... Emmanuelle Seigner, qui interprète Michelle, une Parisienne de vingt ans prête à aider le docteur Walker dans son enquête improvisée. Ennio Morricone signe une partition, à la fois entêtante et mystérieuse, qui colle parfaitement à l'atmosphère angoissante d'une capitale interlope. Polanski s'est refusé à filmer un Paris de carte postale, quitte à ne pas toujours tourner en décors naturels et à s'installer dans les studios de Boulogne (la boîte *Les Bains-Douches* – devenue le *Blue Parrot* à l'écran – y est intégralement reconstituée, tout comme le hall d'un hôtel). « *J'avais envie de tourner un film simple, sans décors ni costumes sophistiqués*, dira le metteur en scène. [...] *Je voulais pouvoir tout embrasser d'un seul regard et non par fragments, comme* Pirates, *filmé sans la moindre continuité*[2]. »

Comme pour *Witness*, Ford s'imprègne du quotidien et du vécu de son personnage. Il rencontre ainsi le docteur Carpentier, l'un des génies de la cardiologie, assiste à quelques opérations en épiant les moindres faits et gestes des chirurgiens et consulte des ouvrages spécialisés. À l'écran, tout sonne vrai. Pratiquement de tous les plans, la star joue juste et bien. Peut-être aurait-elle mérité une nomination à l'oscar ? Sur le marché américain, en revanche, c'est une autre histoire. Le public boude toujours les dernières sorties de « son » Indy et voir un Paris délibérément enlaidi ne l'emballe pas forcément. *Frantic* récolte à peine 18 millions de dollars (46 millions aujourd'hui) pour un budget de 20 millions (51 millions). L'incompréhension perdure.

2 James Greenberg, *Roman Polanski, une rétrospective*, Éditions de la La Martinière, 2013.

NE DÉCONNEZ PAS AVEC MOI ! JE SUIS RICAIN ET DINGUE !
RICHARD WALKER SORTANT DE LA DOUCHE, FACE À SES AGRESSEURS

Harrison Ford abandonne le chapeau et le fouet d'Indiana Jones pour un rôle feutré d'antihéros.

1988

WORKING GIRL

Melanie Griffith, ici aux côtés d'Harrison Ford, dans un rôle initialement prévu pour Michelle Pfeiffer.

Wall Street, New York. L'ascension sociale, dans le milieu de la banque d'affaires, d'une secrétaire trentenaire issue de la classe ouvrière.

Working Girl
Mike Nichols
Scénario : Kevin Wade
Acteurs principaux : Harrison Ford, Sigourney Weaver, Melanie Griffith, Alec Baldwin, Joan Cusack
Durée : 113 min
Sortie : 21 décembre 1988 (France, 8 mars 1989)
Box-office USA : 63,78 millions de dollars (163,52 millions actuels)
Entrées France : 768 157

Il tient officiellement le premier rôle au générique, et pourtant Ford n'apparaît à l'écran qu'au bout de trente-cinq minutes de film ! Et Sigourney Weaver, la tête d'affiche féminine, s'éclipse pratiquement pendant une heure avant de resurgir vers la fin. Cette comédie anti-sexiste signée de l'auteur du *Lauréat* (1967), offre surtout un rôle en or à Melanie Griffith, la fille de Tippi Hedren, l'inoubliable Melanie Daniels des *Oiseaux* d'Hitchcock. Dans la peau de Tess McGill, une trentenaire ambitieuse mais généreuse, dont « *la tête est faite pour les affaires et le corps pour le plaisir* », la pétulante blonde fait montre d'un abattage impressionnant. Griffith sera du reste nommée à l'oscar de la meilleure actrice en 1989. En salles, l'opus de Mike Nichols franchit la barre des 100 millions de dollars de recettes, soit 263 millions actuels.

Harrison Ford, entouré de ses deux partenaires, la blonde Melanie Griffith et la brune Sigourney Weaver.

Si on adore la réplique suffisante et condescendante de Sigourney Weaver à l'attention de Melanie Griffith – « *Regardez-moi faire. Prenez exemple.* » –, c'est à peu près tout. *Working Girl* est terriblement daté aujourd'hui. Son esthétique est trop marquée années 1980. Et Ford, tête de gondole commerciale du projet, semble réduit à n'être qu'un luxueux porte-manteau. Son personnage de banquier d'affaires spécialisé dans les fusions-acquisitions ne lui correspond pas vraiment. Difficile de passer un an après Michael Douglas, alias Gordon Gekko, dans *Wall Street* d'Oliver Stone.

Ford alias Jack Trainer, l'homme d'affaires qui aide la jeune Tess à survivre dans la jungle de Wall Street.

1989

INDIANA JONES ET LA DERNIÈRE CROISADE

Indiana Jones (Harrison Ford), sur le point de « décrocher » le Saint-Graal.

Indiana Jones and the Last Crusade
Steven Spielberg
Scénario : Jeffrey Boam, d'après une histoire de George Lucas et Menno Meyjes et des personnages développés par George Lucas et Philip Kaufman
Acteurs principaux : Harrison Ford, Sean Connery, Denholm Elliott, Alison Doody, John Rhys-Davies, Julian Glover, River Phoenix, Michael Byrne
Durée : 127 min
Sortie : 24 mai 1989 (France, 18 octobre 1989)
Box-office USA : 197,2 millions de dollars (482,3 millions actuels)
Entrées France : 6,24 millions (3ème place de l'année au box-office)

1938. Aidé de son père, Indiana Jones se lance à la conquête du Saint-Graal, également convoité par les nazis.

Le meilleur pour la fin ? Dans l'esprit de Steven Spielberg et George Lucas, ce troisième *Indiana Jones* sera le dernier. Pour clore leur trilogie en apothéose, les deux complices cinéphiles voient encore plus grand. Lucas rédige une première version de l'intrigue dès l'automne 1984, soit quelques mois à peine après la sortie de l'opus précédent, *Le Temple maudit*. L'idée centrale ? Indy est tout simplement en quête du Saint-Graal ! Spielberg se montre dubitatif. Il a du mal à avaler cette histoire, trop ésotérique à son goût. Il voudrait autre chose. Et contrairement au deuxième volet où il a laissé carte blanche à son partenaire, cette fois, le père d'*E.T.* entend peser sur le scénario et ne pas subir les élucubrations de son ami George.

Exit donc ce traitement de huit pages intitulé *Indiana Jones et le Roi Singe* où Indy affronte un fantôme en Écosse avant de vouloir mettre la main sur la fontaine de Jouvence en Afrique. Début 1986, Spielberg et Lucas s'entendent enfin sur la mission, prétexte à l'aventure : Indiana cherchera tout à la fois le Graal... et son père, perdu de vue. Soit l'éternelle thématique de Lucas, abondamment développée dans *Star Wars*. Approbation de Ford qui voulait absolument faire évoluer son personnage. Un deuxième script voit ainsi le jour. Il est l'œuvre du scénariste néerlandais Menno Meyjes, déjà auteur pour Spielberg de *La Couleur pourpre* et de *L'Empire du soleil*. En 1987, un autre scénariste, Jeffrey Boam, prend le relais. À charge pour lui de rédiger la troisième et dernière version du scénario, qui s'intitule désormais *Indiana Jones et la dernière croisade*.

HENRY JONES
IL ME SEMBLE QUE CES GENS ESSAIENT DE NOUS TUER.
INDIANA JONES
JE SAIS, PÈRE !
HENRY JONES
C'EST UNE NOUVELLE EXPÉRIENCE POUR MOI.
INDIANA JONES
MOI, ÇA M'ARRIVE TOUT LE TEMPS !

À ce stade, place au casting. Spielberg sait qu'il lui faut un poids lourd à opposer à sa vedette. Or, pour incarner le père d'Indiana, le metteur en scène n'a qu'un seul nom en tête : Sean Connery, arborant seulement douze ans de plus que Ford. *« Qui d'autre que James Bond aurait pu donner naissance à ce cinglé d'archéologue ? »*, feint de s'étonner le metteur en scène. Auréolé de son oscar du meilleur second rôle pour les *Incorruptibles* (Brian de Palma) en avril 1988, l'Écossais de cinquante-sept ans semble être l'acteur idoine : charismatique, physique, autoritaire. Connery coche presque toutes les cases. Cette fois, Lucas s'avère sceptique. Il redoute inconsciemment un duel entre James Bond et « Indy », chacune des

Entre Harrison Ford et Sean Connery, l'entente est parfaite.

Steven Spielberg, Harrison Ford, Sean Connery et George Lucas sur le tournage du film.

deux stars voulant accaparer la lumière. Mais Spielberg insiste, soutenu par Ford. Lucas s'incline. Connery dit oui, non sans rappeler sa maigre différence d'âge avec la vedette. L'entente avec Ford sera idyllique. Les deux patrons poursuivent la distribution. Outre les figures récurrentes que sont John Rhys-Davies et Denholm Elliott, le film accueille deux ex-comédiens de la saga *James Bond* : Julian Glover, le méchant de *Rien que pour vos yeux* (1981) et Alison Doody, la troublante Jenny Flex de *Dangereusement vôtre* (1985), que l'on retrouve ici en agente ennemie sadomasochiste.

Deux archéologues (Harrison Ford et Alison Doody) dans les catacombes vénitiennes.

Pour encaisser la charge du tournage à rallonges qui se profile, Ford suit un copieux programme de remise en forme dès la fin 1987. Musculation, gainage, endurance, tout y passe. En mai 1988, l'acteur est presque prêt pour les J.O. Les premières prises de vues se déroulent en Andalousie, et plus précisément dans le désert de Tabernas ainsi que dans le parc naturel de Cabo de Gata-Nijar. Le périple se poursuivra six mois durant en Angleterre, à Venise, à Petra, dans le Colorado, l'Utah, le Nouveau-Mexique puis le Texas. L'équipe est soudée. Les 7 000 rats des catacombes vénitiennes sont bien apprivoisés. Le zeppelin est splendide. Spielberg est aux anges. « *Le pied, c'est d'avoir Sean et Harrison dans le même cadre, et de crier "Action !", et puis d'essayer de ne pas gâcher le plan en rigolant trop fort derrière la caméra*[1]. »

Fidèle à sa recette initiale, ce troisième épisode ne manque pas de morceaux de bravoure, tel le combat d'Indy à cheval face au tank où sont enfermés Henry Jones senior (Sean Connery) et Marcus Brody (Denholm Elliott). La scène dure neuf minutes à l'écran et a nécessité quinze jours de tournage à plein temps. L'humour est de retour comme dans *Les Aventuriers de l'Arche perdue* alors qu'il faisait défaut dans *Le Temple maudit*. Le ping-pong verbal entre le père et le fils offre de nombreuses

1 Cité par *Première Classics*, avril-juin 2023.

respirations dans un film mené tambour battant. Et puis, trouvaille magistrale : la scène d'ouverture, en forme de prégénérique, montrant l'origine de la phobie des serpents du héros et de la cicatrice sur le visage du jeune Indy (River Phoenix), quitte à priver ainsi la saga d'une part de son mystère. *« J'ai réalisé le troisième épisode pour me faire pardonner le deuxième, trop horrible*[2] », avouera Spielberg.

La Dernière Croisade achève formidablement le cycle initié huit ans plus tôt, même si, prudent, Ford se garde bien de prononcer un *« jamais, plus jamais »* à la perspective d'un quatrième épisode. L'apothéose a bien eu lieu. Le film engrange 10 millions de dollars en une seule journée. En une semaine d'exploitation, le compteur affiche déjà 50 millions. Au terme de son parcours en salles dans le monde entier, cet *Indiana Jones* de tous les records culmine à 474 millions de profits – soit 1,16 milliard aujourd'hui ! –, dont un pourcentage pour Ford lui-même.

2 Richard Schickel, *Steven Spielberg, Une rétrospective*, Éditions de La Martinière, 2012.

Indiana Jones à la poursuite du char d'assaut où son père et Marcus Brody sont retenus prisonniers. Une des premières versions du script prévoyait que l'aventurier chevauche… un rhinocéros !

1990

PRÉSUMÉ INNOCENT

Première collaboration avec Alan J. Pakula pour Harrison Ford.

Un procureur enquête sur le meurtre d'une de ses collègues dans lequel il semble de plus en plus impliqué.

Presumed Innocent
Alan J. Pakula
Scénario : Frank Pierson et Alan J. Pakula, d'après le roman de Scott Turow
Acteurs principaux : Harrison Ford, Brian Dennehy, Raúl Juliá, Bonnie Bedelia, Paul Winfield, Greta Scacchi
Durée : 127 min
Sortie : 27 juillet 1990 (France, 10 octobre 1990)
Box-office USA : 86,3 millions de dollars (200,3 millions actuels)
Entrées France : 712 053

C'est toujours la même question. Comment enchaîner après un raz-de-marée ? Comment se renouveler après avoir comblé Hollywood en interprétant l'un de ses deux personnages fétiches ? Depuis la sortie d'*Indiana Jones et la dernière croisade* au printemps 1989, Ford a retrouvé l'ordinaire des scripts médiocres. Les producteurs le réclament. Le public l'attend à l'écran. Survient par hasard début 1989 le projet d'Alan J. Pakula – un projet d'abord porté par Sydney Pollack. L'auteur de *Klute*, des *Hommes du Président* ou du *Choix de Sophie* a vu son étoile pâlir après l'échec de ses trois derniers films (*Dream Lover*, *Les Enfants de l'impasse*, *À demain, mon amour*). Cependant, loin de se décourager, le cinéaste américain de soixante ans est prêt à adapter *Présumé innocent*, le *best-seller* à cinq millions d'exemplaires de Scott Turow, pointant les turpitudes d'un procureur, accusé du meurtre sauvage de sa collègue et ex-maîtresse. L'idée de Pakula est de faire du personnage principal un homme en apparence ordinaire, présumé solide, plongé dans un cauchemar où suintent le sexe et la violence. Et qui d'autre, pour ce rôle, que Monsieur Amérique *alias* Harrison Ford ? L'acteur, lui, est plutôt flatté de tourner avec un réalisateur nommé deux fois aux oscars, bien qu'il ne soit pas dupe des limites actuelles de ce dernier.

Signe de son implication, la star supprime méthodiquement quantité de lignes de dialogue avec l'accord du scénariste. Comme Steve McQueen en son temps ou Clint Eastwood, Ford n'est guère prolixe face caméra. Il a le verbe économe. De même, il renouvelle l'expérience « terrain » de *Witness* et *Frantic* : il file observer le quotidien du procureur de Detroit dans le Michigan pendant une semaine afin de capter tous ces petits riens susceptibles de

Harrison Ford dans la peau d'un procureur loin d'être au-dessus de tout soupçon.

crédibiliser son interprétation en homme de loi. Enfin, il change de look (cheveux coupés à ras), signe qu'il endosse un nouveau personnage, dont l'austérité et la rigueur sont bientôt percutées par l'irruption d'une bouffée de désir incontrôlé envers sa collègue, la trop séduisante et manipulatrice Carolyn Polhemus, jouée par Greta Scacchi. On appréciera à cet égard la séquence dans laquelle Rusty (Ford) et Carolyn font l'amour pour la première fois dans le bureau du procureur : la caméra reste soigneusement à distance, saisissant la scène de manière clinique, impartiale. La lumière quasi irréelle contribue à la tonalité glacée de l'ensemble. « *Rusty s'apprête à renier toutes ses valeurs, en ce lieu qui représentait jusqu'alors toute sa vie. C'est un épisode violent, presque tragique* », expliquera Pakula.

Si le rôle de Ford est loin d'être inintéressant – camper un personnage tout en retenue, qui exprime peu mais bascule néanmoins dans une relation sexuelle dévastatrice au point que le spectateur finit par douter de son innocence –, le film en revanche est loin d'être inoubliable, souffrant en son milieu de certaines longueurs. Et la sensualité magnétique de l'actrice italienne de vingt-neuf ans, qui n'apparaît qu'en *flash-back* successifs, ne suffit pas à tout emporter. Malgré tout, *Présumé innocent* se défend très honorablement en salles : il récolte 86 millions de dollars sur le marché américain (200 millions actuels) et attire plus de 700 000 spectateurs chez nous. Ford prouve qu'il peut toujours exister à l'ombre d'Indy et d'Han Solo.

Les acteurs Harrison Ford (Rusty) et Bonnie Bedelia (Barbara, son épouse) prennent la pose pour promouvoir *Présumé innocent* alors en plein tournage.

1991

À PROPOS D'HENRY

Seconde collaboration entre Harrison Ford et Mike Nichols.

Le long retour à la vie d'un brillant avocat, fauché accidentellement dans l'attaque à main armée d'un bureau de tabac.

Regarding Henry

Mike Nichols

Scénario : J.J. Abrams

Acteurs principaux : Harrison Ford, Annette Bening, Bill Nunn, Mikki Allen, Donald Moffat, Robin Bartlett, Bruce Altman, Rebecca Miller

Durée : 108 min

Sortie : 10 juillet 1991 (France, 23 octobre 1991)

Box-office USA : 43 millions de dollars (95,7 millions actuels)

Entrées France : 398 171

Les films de « reconstruction » basculent souvent, tôt ou tard, dans la mièvrerie. Pas plus que les autres, *À propos d'Henry* n'échappe, hélas, à cette fatale attraction scénaristique. Au début, le célèbre avocat Henry Turner est cynique, infect, égocentrique, cassant. On peine à comprendre pourquoi son épouse, Sarah (Annette Bening), reste à ses côtés. Et puis, survient l'agression à main armée qui change tout. L'accident bête dans le bureau de tabac au pied de chez lui. La balle perdue qui perfore le thorax d'Henry et celle qui vient se ficher dans son front. Verdict : amnésie immédiate. Henry doit réapprendre (toute) la vie. Le père absent regarde à nouveau sa petite fille, retombe amoureux de sa femme délaissée et quitte le milieu de requins dans lequel il évoluait depuis trop longtemps. Sa métamorphose forcée a fait de lui un homme bien. *Happy end*. Sur ce canevas édifiant écrit par J.J. Abrams, vingt-trois ans, le futur réalisateur de *Star Wars : Le Réveil de la Force*, et dont la musique a été composée par Hans Zimmer, Ford livre une prestation plutôt convaincante, parfois touchante. Un rôle pour lequel il s'est, comme à son habitude, soigneusement préparé en consultant des gens qui, dans la vraie vie, sont passés par les mêmes épreuves que son personnage. Mais Mike Nichols a perdu son tonus et son originalité. Où est passé l'auteur du fabuleux *Lauréat* ?

Henry Turner (Harrison Ford) retrouve le sens de la vraie vie, soutenu par son épouse (Annette Bening).

1992

JEUX DE GUERRE

Après Alec Baldwin, c'est à Harrison Ford d'interpréter le héros de Tom Clancy.

Ancien de la CIA, Jack Ryan sauve à Londres un cousin de la reine, cible d'un attentat commis par des terroristes irlandais, lesquels voudront se venger de la mort de l'un d'eux.

Patriot Games

Phillip Noyce

Scénario : W. Peter Iliff et Donald Stewart, d'après le roman de Tom Clancy

Acteurs principaux : Harrison Ford, Anne Archer, Patrick Bergin, Sean Bean, Thora Birch, James Fox, Samuel L. Jackson

Durée : 117 min

Sortie : 5 juin 1992 (France, 21 octobre 1992)

Box-office USA : 83,35 millions de dollars (180,1 millions actuels)

Entrées France : 1,23 million

Finis les personnages d'avocat (*À propos d'Henry*), de procureur (*Présumé innocent*), de banquier d'affaires (*Working Girl*) ou de cardiologue (*Frantic*). Pour ses cinquante ans et ses vingt-cinq ans de carrière, Harrison Ford revient aux fondamentaux : un rôle physique « à la Indiana Jones », tout-terrain, exigeant et prenant. Le comédien délaisse le costume-cravate et se glisse avec jubilation dans la peau de Jack Ryan, l'Américain d'origine irlandaise, consultant-analyste à la CIA formé chez les Marines, imaginé par Tom Clancy dans les années 1980. La Paramount lui a fait un pont d'or pour succéder à Alec Baldwin, le « Jack Ryan » d'*À la poursuite d'Octobre rouge*, première adaptation au cinéma d'un roman du père du techno-thriller. Ford touchera 9 millions de dollars, soit 19 millions actuels.

En vérité, l'acteur a déjà été approché pour jouer Jack Ryan dans *À la poursuite d'Octobre rouge*. Mais, à ce moment-là, il est plutôt tenté par le personnage du capitaine Marko Ramius, lequel est promis à Sean

Connery par la Paramount. Ford a donc décliné, non sans regret, ne se voyant pas passer comme cela d'un rôle à l'autre au gré des opportunités. Mais, deux ans plus tard, alors que Baldwin est engagé sur un autre projet, Ford, lui, est de nouveau disponible. Et cette fois, il ne refuse pas la proposition qu'il a autrefois amèrement regrettée. Le voici prêt à endosser la panoplie du héros de Clancy. À condition, toutefois, que les deux scénaristes élaguent la dimension patriotique invétérée du personnage. Ce qui, pour le coup, ulcère l'écrivain. À charge aussi pour les auteurs de revoir leur copie en adaptant leur intrigue à un homme de cinquante ans et non plus de trente-cinq (l'âge de Baldwin). Peu importe, en revanche, que l'IRA soit caricaturée comme une organisation paramilitaire quelconque ou que la CIA ne soit qu'une coquille vide servant d'alibi institutionnel. Sans fracasser le box-office, le succès de *Jeux de guerre* s'avère suffisant pour qu'Hollywood envisage décemment une suite.

Mauvaise idée que de prendre Jack Ryan (Harrison Ford) en filature !

Jack Ryan et son épouse, « Cathy » (Anne Archer), lors du procès du terroriste Sean Miller.

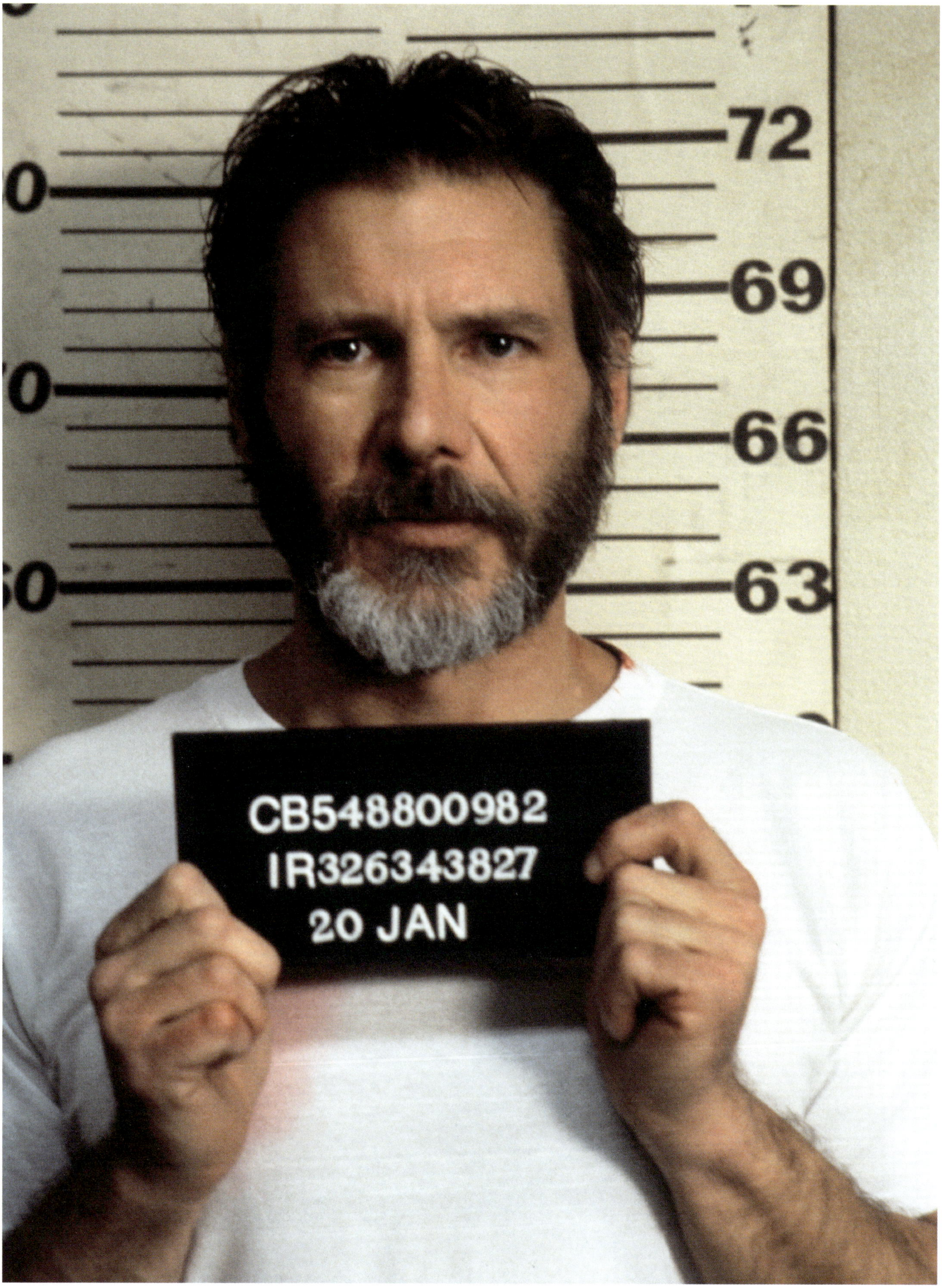
72
69
66
63
CB548800982
IR326343827
20 JAN

Harrison Ford dans l'adaptation au cinéma d'une série télé à succès.

LE FUGITIF

1993

À Chicago, un chirurgien réputé est accusé du meurtre sauvage de sa femme. Un shérif obstiné mène l'enquête.

Comme pour *Frantic* cinq ans plus tôt, Ford campe de nouveau un ponte de la médecine englué dans une affaire criminelle qui le dépasse. Et comme toujours, il s'imprègne, avant le tournage, du quotidien supposé de son personnage en enquêtant auprès de véritables chirurgiens. Il s'agit là de l'adaptation au cinéma d'une série télé culte des années 1960 en cent-vingt épisodes, portée à l'époque sur ABC par l'acteur David Janssen aux prises avec un assassin manchot.

Entre deux films estampillés « Jack Ryan », Ford s'autorise cette digression sous la direction d'Andrew Davis. Le cinéaste vient de se faire un nom dans le film d'action avec *Piège en haute mer* dans lequel Steven Seagal et Tommy Lee Jones, déjà, tiennent le haut de l'affiche. *Le Fugitif* ne révolutionne pas le genre mais permet à sa figure de proue de confirmer son talent pour faire exister des hommes ordinaires pris dans un engrenage fatal dont ils auront toutes les peines du monde à se dépêtrer.

Comme dans *Jeux de guerre*, Ford ne se dérobe nullement pour les scènes de poursuite. Lors de l'une d'elles, il se déchire le ligament croisé d'un genou. Plutôt que de se faire porter pâle, d'être remplacé en faisant jouer les assurances, il serre les dents et continue de plus belle, quitte à aggraver sa blessure lors d'une autre scène. Bien lui en prend. Les mésaventures du docteur Kimble à Chicago font carton plein dans les salles. Le thriller récolte 184 millions de dollars (386 millions actuels) sur son seul marché domestique, et presque 369 millions au total (774 millions). C'est tout simplement son plus gros triomphe hors *Star Wars* et *Indiana Jones*.

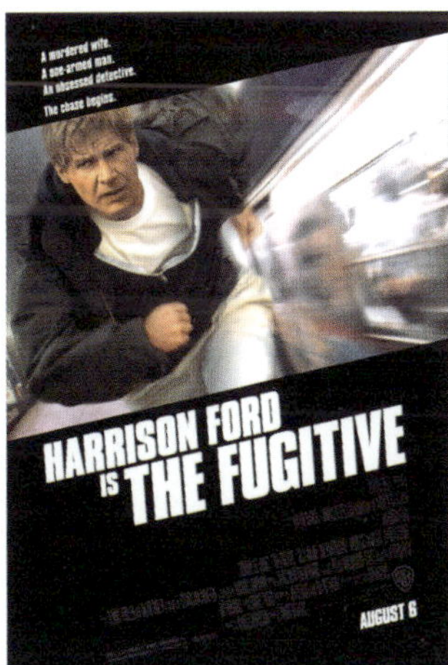

The Fugitive

Andrew Davis

Scénario : Jeb Stuart et David Twohy, d'après une histoire de David Twohy et des personnages créés par Roy Huggins

Acteurs principaux : Harrison Ford, Tommy Lee Jones, Jeroen Krabbé, Julianne Moore, Joe Pantoliano, Andreas Katsulas, Sela Ward

Durée : 130 min

Sortie : 6 août 1993 (France, 1er septembre 1993)

Box-office USA : 183,87 millions de dollars (385,91 millions actuels)

Entrées France : 3,18 millions (6ème place de l'année au box-office)

1994

DANGER IMMÉDIAT

Ford, nouveau directeur-adjoint de la CIA.

Nommé directeur-adjoint du renseignement de la CIA, Jack Ryan découvre qu'une opération illégale est menée contre un cartel de narcotrafiquants auquel était lié un ami assassiné du président américain.

Clear and Present Danger

Phillip Noyce

Scénario : Donald Stewart, Steven Zaillian et John Milius, d'après le roman de Tom Clancy

Acteurs principaux : Harrison Ford, Willem Dafoe, Joaquim de Almeida, Anne Archer, Henry Czerny, Harris Yulin

Durée : 141 min

Sortie : 3 août 1994 (France, 19 octobre 1994)

Box-office USA : 122,19 millions de dollars (249,94 millions actuels)

Entrées France : 977 302

Bis repetita deux ans après. Même personnage, même réalisateur, même coscénariste que pour *Jeux de guerre*. Harrison Ford retrouve avec plaisir l'incorruptible Jack Ryan et l'univers techno-paranoïaque de Tom Clancy. Efficace mais sans génie, même si l'ambiguïté des États-Unis dans leur lutte contre les cartels de drogue colombiens est plutôt bien disséquée. Un cran au-dessus de son prédécesseur, tant sur le plan artistique que commercial, *Danger immédiat* engrange 123 millions de dollars (251 millions actuels) de recettes aux États-Unis et un peu moins de 100 millions (204 millions) à l'étranger. Ford s'acquitte du « job » consciencieusement, avec à la clé un cachet flatteur de 11 millions de dollars (22,5 millions) ainsi que 11,5 % des profits. Aux yeux du grand public, « son » Ryan reste le sauveur de l'Amérique en dévoilant les turpitudes d'un président qui a failli moralement pour protéger un de ses proches.

Jack Ryan (Harrison Ford) sur le point de fausser compagnie à ses ravisseurs.

Harrison Ford, dans le rôle du très (trop) sérieux Linus Larrabee.

SABRINA

1995

Conte de fées américain. De retour d'un long séjour à Paris, Sabrina Fairchild, la fille du chauffeur de riches industriels, fait tourner la tête des deux fils de la famille Larrabee.

Anniversaire raté. Ce trentième film célébrant trente ans de carrière est une colossale erreur. Comment prétendre succéder à Humphrey Bogart ? Comment Sydney Pollack a-t-il osé se lancer dans le remake du chef-d'œuvre de Billy Wilder avec Audrey Hepburn, sorti quarante ans plus tôt ? Forcément voué à souffrir de la comparaison avec son illustre prédécesseur (oscar des meilleurs costumes en 1955), ce *Sabrina* fade et convenu des années 1990 est un projet mal-né, condamné à décevoir avant même de dérouler son générique d'ouverture. Ford l'admettra sans mal quelques années plus tard : « *C'était un choix stupide ! Je ne sais pas comment Sydney et moi nous sommes-nous convaincus de tourner ce film. Nous avons tous les deux vécu suffisamment longtemps pour le regretter*[1]. »

1 *Empire*, mars 2010.

Sabrina

Sydney Pollack

Scénario : Barbara Benedek et David Rayfiel, d'après le film écrit par Billy Wilder, Samuel Taylor et Ernest Lehman, lui-même adapté de la pièce de Samuel Taylor

Acteurs principaux : Harrison Ford, Julia Ormond, Greg Kinnear, Nancy Marchand, John Wood

Durée : 127 min

Sortie : 15 décembre 1995 (France, 7 février 1996)

Box-office USA : 53,67 millions de dollars (106,79 millions actuels)

Entrées France : 288 965

Le duo Ford/Ormond succède à Humphrey Bogart et Audrey Hepburn.

1997

ENNEMIS RAPPROCHÉS

Harrison Ford dans le rôle de Tom O'Meara, policier new-yorkais d'origine irlandaise.

Un jeune activiste de l'IRA est chargé d'acheter des armes aux États-Unis. Il est hébergé par un policier new-yorkais d'origine irlandaise, qui ignore sa véritable mission.

The Devil's Own

Alan J. Pakula

Scénario : David Aaron Cohen, Vincent Patrick et Kevin Jarre, d'après une histoire de Kevin Jarre

Acteurs principaux : Harrison Ford, Brad Pitt, Margaret Colin, Rubén Blades, Treat Williams

Durée : 111 min

Sortie : 26 mars 1997 (France, 26 mars 1997)

Box-office USA : 42,87 millions de dollars (80,98 millions actuels)

Entrées France : 1,28 million

Harrison Ford n'apparaît qu'à la dix-septième minute d'un thriller où son jeune partenaire, Brad Pitt, accapare (presque) toute la lumière. Alan J. Pakula, soixante-huit ans, n'a plus la flamme de ses débuts, quand il boostait le Nouvel Hollywood (*Klute*, *À cause d'un assassinat*, *Les Hommes du Président*) et remplissait les salles. Guère enthousiaste au départ, le réalisateur s'est laissé convaincre par une offre – 5 millions de dollars (9,5 millions actuels) – qu'il ne pouvait pas refuser. Pour son dernier long-métrage, Pakula doit jongler entre un scénario ambitieux mais inabouti et mal ficelé, deux stars à ménager et un tournage assez fatigant qui s'étale sur plus de sept mois. Fiasco commercial à sa sortie aux États-Unis. Ford enchaîne les déconvenues.

Pour son dernier film, Alan J. Pakula a droit à un casting de choix : Harrison Ford et Brad Pitt.

AIR FORCE ONE

Le terroriste (Gary Oldman) et le président (Harrison Ford).

Des terroristes prennent en otages les passagers de l'avion présidentiel, l'*Air Force One*, réputé comme étant le plus sécurisé du monde. Le président est censé s'être échappé par la capsule de sauvetage...

En principe, Ford n'aurait pas dû monter dans l'avion présidentiel. Ce film sans nuance a été écrit pour Arnold Schwarzenegger. Seulement, en raison d'une incompatibilité de planning, la star bodybuildée doit refuser *in fine* l'offre qui lui a été faite. On songe ensuite à Kevin Costner. Autre voie sans issue. Comme autrefois, Harrison Ford récupère donc un rôle en or qui ne lui était pas destiné – celui du président des États-Unis appelé à chasser des pirates qui ont détourné son avion et pris sa famille en otage –, dans un film promis à un gros succès. Mais était-il nécessaire de faire du héros cet être invincible, capable non seulement d'éliminer les terroristes un à un mais de piloter de surcroît l'*Air Force One* comme s'il s'agissait d'un petit coucou ? Aux manettes : Wolfgang Petersen, un spécialiste du film d'action (*Le Bateau*, *Dans la ligne de mire*). Côté casting, Ford est bien entouré avec Gary Oldman et Glenn Close. Son cachet – 20 millions de dollars (38 millions actuels) est à la hauteur des gains escomptés par la Columbia. De fait, l'atterrissage dans les salles se déroule sans accroc. *Air Force One* récoltera 315 millions de dollars au terme de son exploitation, soit un peu moins de 600 millions actuels.

Harrison Ford, un président invincible.

Air Force One
Wolfgang Petersen
Scénario : Andrew W. Marlowe
Acteurs principaux : Harrison Ford, Gary Oldman, Glenn Close, Wendy Crewson, Liesel Matthews
Durée : 124 min
Sortie : 25 juillet 1997 (France, 1er octobre 1997)
Box-office USA : 172,9 millions de dollars (326,6 millions en 2023)
Entrées France : 941 216

1998

6 JOURS, 7 NUITS

En vacances sur une île du Pacifique sud, la rédactrice-adjointe d'un magazine de mode américain doit rentrer en urgence. Elle monte à bord d'un vieux coucou qui s'écrase sur une île déserte. Le pilote et la journaliste vont apprendre à survivre… et à cohabiter.

Il y a longtemps que l'acteur Harrison Ford est en pilotage automatique. Depuis une dizaine d'années, ses derniers rôles ne l'incitent guère à se renouveler. La comédie *6 jours, 7 nuits* d'Ivan Reiman, l'auteur de *S.O.S. Fantômes*, *Jumeaux* ou *Président d'un jour*, aurait pu l'aider à casser son image de héros bon teint-bon père de famille. Las ! Son personnage de vieux pilote d'avion bougon ne surprend ni n'amuse personne. Cette robinsonnade tourne à vide et ne présente aucun intérêt. Curieusement, en France, elle attire plus de 1,2 million de spectateurs à la fin de l'été 1998.

Six Days Seven Nights
Ivan Reitman
Scénario : Michael Browning

Acteurs principaux : Harrison Ford, Anne Heche, David Schwimmer, Jacqueline Obradors
Durée : 102 min
Sortie : 12 juin 1998 (France, 26 août 1998)
Box-office USA : 74,34 millions de dollars (138,27 millions en 2023)
Entrées France : 1,27 million

1999

L'OMBRE D'UN SOUPÇON

Dutch est sergent de police à Washington, Kay, membre du Congrès en campagne. Ils n'auraient jamais dû se rencontrer… jusqu'à ce qu'un accident d'avion les rapprochent : chacun ayant perdu son conjoint dans la catastrophe.

Random Hearts
Sydney Pollack
Scénario : Kurt Luedtke et Darryl Ponicsan, d'après le roman de Warren Adler
Acteurs principaux : Harrison Ford, Kristin Scott Thomas, Charles S. Dutton, Bonnie Hunt, Dennis Haysbert

Durée : 133 min
Sortie : 8 octobre 1999 (France, 10 novembre 1999)
Box-office USA : 31,5 millions de dollars (57,3 millions actuels)
Entrées France : 818 465

Encore une fois, quatre ans après le désastre *Sabrina*, Sydney Pollack et Harrison Ford se retrouvent embarqués dans un projet navrant, totalement bancal. Qui peut croire à cet improbable drame sentimental entre un sergent de police de Washington et une députée en pleine campagne (Kristin Scott Thomas) qui découvrent, sonnés, que leurs conjoints respectifs, morts dans un crash d'avion, étaient amants ?

Au bord de la baignoire, un Harrison Ford… diabolique ?

APPARENCES

La femme d'un célèbre scientifique souffre de troubles sévères de la mémoire depuis un accident. Est-elle en train de basculer dans la folie à mesure que les manifestations paranormales envahissent son existence ?

Gros succès au box-office pour ce thriller horrifique dans lequel Michelle Pfeiffer se taille la part du lion. Avec 291 millions de dollars (512 millions aujourd'hui !) de recettes à l'été 2000, les deux stars n'ont pas à se plaindre. Pour une fois, Ford incarne un personnage trouble, inquiétant, de nature à fissurer son image d'Américain idéal. Et si l'œuvre de Robert Zemeckis, que l'on a connu plus inspiré (*Retour vers le futur*, *Qui veut la peau de Roger Rabbit*) ou plus brillant (*Seul au monde*), ne bouscule pas le genre paranormal, l'opus a le mérite de permettre à sa vedette masculine d'effectuer un pas de côté nécessaire – quoique insuffisant.

What Lies Beneath

Robert Zemeckis

Scénario : Clark Gregg, d'après une histoire de Clark Gregg et Sarah Kernochan

Acteurs principaux : Harrison Ford, Michelle Pfeiffer, Diana Scarwid, Joe Morton, James Remar, Miranda Otto

Durée : 130 min

Sortie : 21 juillet 2000 (France, 13 septembre 2000)

Box-office USA : 155,46 millions de dollars (273,72 millions actuels)

Entrées France : 1,95 million (20ème place de l'année au box-office)

Harrison Ford et Michelle Pfeiffer – ambiance hitchcockienne et maison hantée.

2002

K-19 : LE PIÈGE DES PROFONDEURS

Harrison Ford dans le rôle du commandant russe Alexei Vostrikov.

1961. En pleine guerre froide, les Soviétiques ripostent à la menace que font peser sur eux les sous-marins nucléaires lanceurs de missiles américains. Ils lancent à leur tour le K-19, un sous-marin nucléaire lanceur d'engins, équipé de missiles balistiques. Mais le bâtiment souffre de défaillances techniques graves dans le système de refroidissement du réacteur principal.

K-19 : The Widowmaker
Kathryn Bigelow (2002)
Scénario : Christopher Kyle, d'après une histoire de Louis Nowra
Acteurs principaux : Harrison Ford, Liam Neeson, Peter Sarsgaard, Christian Camargo, Joss Ackland
Durée : 138 min
Sortie : 19 juillet 2002 (France, 18 septembre 2002)
Box-office USA : 35,17 millions de dollars (59,28 millions actuels)
Entrées France : 285 349

Pour ses soixante ans, rien de tel qu'un bon vieux film catastrophe, dans un décor de sous-marin nucléaire soviétique de surcroît. Persuadé d'avoir fait le bon choix, Ford ne se contente pas de jouer mais s'intronise producteur exécutif pour la première fois de sa carrière. Mauvaise pioche. Kathryn Bigelow maîtrise *a priori* tous les codes du film d'action à 100 millions de dollars (168 millions actuels). Le scénario, inspiré d'une histoire vraie, semble robuste. Mais la mayonnaise ne prend pas. Le désastre commercial est total. *K-19* est coulé par le fond. À Hollywood, les langues se délient : comment un acteur peut-il être rémunéré vingt-cinq millions de dollars à raison de vingt jours de tournage pour un tel fiasco ?

Harrison Ford et la réalisatrice Kathryn Bigelow.

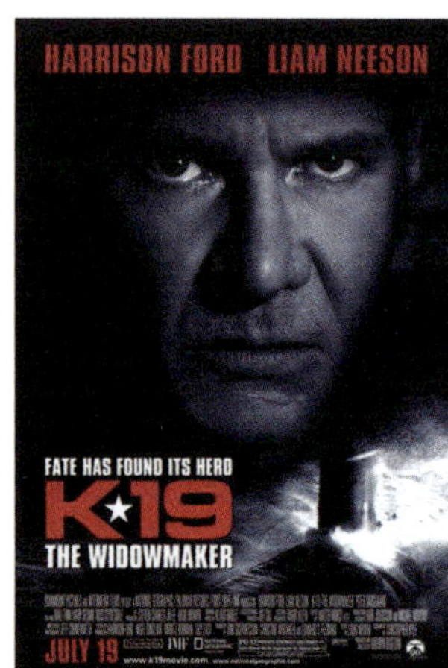

Un film… catastrophe, inspiré d'une histoire vraie.

HOLLYWOOD HOMICIDE

2003

Harrison Ford (Joe Gavilan) et Josh Hartnett (K. C. Calden).

Deux policiers – un senior et une jeune recrue – enquêtent à Hollywood sur un meurtre commis dans le monde du rap.

Rien ne semble freiner la chute artistique de l'acteur. Ford enchaîne une énième désillusion avec *Hollywood Homicide*, une comédie policière consternante axée sur le sempiternel duo mal assorti du senior flanqué de la jeune recrue. Pourra-t-il seulement se relever de cet énorme impair ?

Hollywood Homicide
Ron Shelton
Scénario : Ron Shelton et Robert Souza
Acteurs principaux : Harrison Ford, Josh Hartnett, Lena Olin, Bruce Greenwood, Isaiah Washington
Durée : 116 min
Sortie : 13 juin 2003 (France, 1er octobre 2003)
Box-office USA : 30,94 millions de dollars (50,99 millions actuels)
Entrées France : 172 133

FIREWALL

2006

Expert en sécurité informatique, Jack Stanfield conçoit des pare-feu réputés inviolables. Quand sa femme et ses enfants sont kidnappés, le programmeur de génie est contraint de neutraliser ses dispositifs.

Firewall
Richard Loncraine
Scénario : Joe Forte
Acteurs principaux : Harrison Ford, Paul Bettany, Virginia Madsen, Mary Lynn Rajskub, Robert Patrick
Durée : 105 min
Sortie : 10 février 2006 (France, 5 avril 2006)
Box-office USA : 48,75 millions de dollars (73,32 millions actuels)
Entrées France : 103 355

Jack (Harrison Ford) et Beth (Virginia Madsen) Stanfield.

Après trois longues années sans tourner – autant dire une éternité à Hollywood –, Ford renoue avec les plateaux. On le retrouve dans la peau d'un expert en sécurité informatique confronté à un dilemme moral. Efficace mais convenu. Sans originalité, sans émotion. Et puis toujours cette image de papa-héroïque qui finit par entraver sa mue vers des rôles de composition désormais plus adapté à son âge.

2008

INDIANA JONES ET LE ROYAUME DU CRÂNE DE CRISTAL

Indiana Jones and the Kingdom of the Crystal Skull

Steven Spielberg

Scénario : David Koepp, d'après une histoire de George Lucas et Jeff Nathanson et d'après les personnages développés par George Lucas et Philip Kaufman

Acteurs principaux : Harrison Ford, Cate Blanchett, Karen Allen, Shia LaBeouf, Ray Winstone, John Hurt

Durée : 122 min

Sortie : 22 mai 2008 (France, 21 mai 2008)

Box-office USA : 317,1 millions de dollars (446,5 millions actuels)

Entrées France : 4,21 millions (4ème place de l'année au box-office)

États-Unis, début des années 1960. Les Soviétiques sont à la recherche d'un légendaire crâne de cristal au fond d'une jungle d'Amérique du Sud. Un trésor après lequel court aussi Indiana Jones.

Dix-neuf ans plus tôt, on avait quitté Indiana Jones chevauchant dans le soleil couchant. L'ultime scène d'*Indiana Jones et la dernière croisade* nous laissait libres d'imaginer le héros, après sa quête du Graal, en selle pour de nouvelles aventures. Et puis, Lucas a tout gâché sous un déluge d'effets numériques. Ce quatrième épisode de la franchise, dont la genèse s'est éternisée pendant des années, sera une gigantesque erreur, même s'il attirera plus de 4,2 millions de spectateurs en France et génèrera dans le monde 790 millions de dollars de recettes (1,11 milliard actuel).

Au départ, George Lucas rêve d'injecter dans ce nouvel opus une bonne dose de science-fiction. Dès 1992, soit seize ans avant sa concrétisation effective, le producteur-réalisateur aimerait que « son » Indy croise des extraterrestres, une idée que réfute pourtant d'emblée Harrison Ford. Spielberg, qui a déjà exploré ce monde-là avec *Rencontres du troisième type* (1977) puis *E.T., l'extra-terrestre* (1982), ne se montre guère plus enthousiaste. Mais Lucas insiste. Et persiste à vouloir développer une intrigue impliquant des êtres venus d'ailleurs, dotés d'une grande force psychique. En février 1995, il soumet à Spielberg et Ford un premier

Direction le Pérou pour le quatrième épisode des aventures d'Indiana Jones (Harrison Ford).

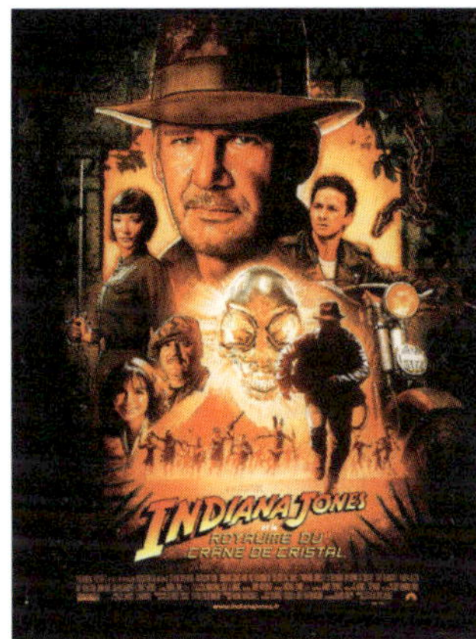

Cette fois-ci, Indiana Jones est accompagné de son fils, « Mutt ».

traitement, *Indiana Jones et les Martiens*, écrit par Jeb Stuart, l'auteur de *Piège de cristal* (avec Bruce Willis), de *Haute sécurité* (avec Sylvester Stallone)… et du *Fugitif* d'Andrew Davis. Comme ce premier scénario ne convainc personne, Lucas sollicite un autre auteur : Jeffrey Boam, l'homme de *La Dernière Croisade*. En mars 1996, sa deuxième version du script reçoit l'assentiment de Spielberg et Lucas. Ne manque plus que l'accord de Ford. Mais le succès massif et inespéré d'*Independance Day* (Roland Emmerich) l'été suivant change brusquement la donne : les *aliens* et l'invasion des soucoupes volantes sont déjà à la mode. Spielberg se ravise. On oublie les ovnis et les Martiens. Lucas pense exactement le contraire. Faute d'accord, les deux hommes se consacrent chacun à leurs projets respectifs.

L'affaire Indiana Jones rejaillit en février 2000. À la faveur de la cérémonie-hommage que consacre l'American Film Institute à Harrison Ford, tous les protagonistes se retrouvent autour d'un verre et finissent par évoquer la possibilité de relancer le projet du quatrième épisode. Le script circule de nouveau de main en main jusqu'à ce que Lucas consente à renoncer aux soucoupes et se contente d'un crâne de cristal aux pouvoirs

« MUTT »
MAIS VOUS ÊTES, VOUS ÊTES PROF ??!
INDIANA JONES
À MI-TEMPS !

Indiana Jones a désormais une famille sur les bras !

Steven Spielberg entouré de Shia LaBeouf (« Mutt »), Ray Winstone (« Mac »), Karen Allen (Marion) et Harrison Ford (Indiana Jones).

insoupçonnés. En 2003, une mouture intitulée *Indiana Jones et la cité des dieux*, rédigée par Frank Darabont, envoie l'archéologue dans la fameuse zone 51[1] du Nevada avant de lui infliger le supplice des fourmis rouges et de l'expédier au fin fond de la jungle maya. Spielberg est emballé. Lucas pas du tout. Tout est à reprendre. Un autre écrivain entre en piste : Jeff Nathanson, qui a déjà collaboré deux fois avec Spielberg (*Arrête-moi si tu peux* et *Le Terminal*). Le titre de son script est en soi tout un programme : *Indiana Jones et les fourmis atomiques*. Spielberg est atterré. En désespoir de cause, il se tourne vers David Koepp, l'auteur à qui il doit *Jurassic Park* et que l'on remercie pour *L'Impasse* et *Mission : Impossible* de Brian de Palma. Cette fois, c'est la bonne. Koepp exhume des précédentes ébauches les éléments les plus intéressants avant de les fusionner avec ses propres idées. Dernière hypothèque à lever : Lucas veut introduire dans l'histoire la fille d'Indy ; ce que Spielberg refuse. Pour transiger, Koepp sort du chapeau le fils de Marion Ravenwood et d'Indiana, « Mutt » Williams. Spielberg cède. En 2006, le scénario définitif est validé. Et le titre, arrêté : *Indiana Jones et le royaume du crâne de cristal*.

1 Une aire géographique secrète où une base militaire américaine teste de nouveaux matériels.

Un peu de repos pour le brave...

Début 2007, les rôles sont distribués : Karen Allen retrouve le personnage de Marion tandis que celui de la méchante, le colonel Irina Spalko, échoit à Cate Blanchett, une inconditionnelle de la saga. Shia LaBeouf, 21 ans, jouera « Mutt », censé incarner la relève. Ford, lui, est fin prêt. Moins fringant, mais toujours partant. À soixante-cinq ans, il réendosse avec jubilation toute la panoplie d'Indy et se jette dans les scènes d'action. Spielberg doit même le freiner ! Le tournage, débuté au printemps, se passe uniquement aux États-Unis. Résultat ? Le film déçoit. Et pas uniquement en raison de cette invraisemblable scène dans laquelle le héros, enfermé dans un réfrigérateur, survit à une explosion nucléaire ! Les abondantes images de synthèse, l'humour forcé de certaines situations autant que l'absence de morceaux de bravoure vraiment originaux achèvent de dévaluer l'ensemble. Au point que le spectateur ressent la désagréable impression de regarder en permanence un sous-produit siglé Indiana Jones : *Le Royaume du crâne de cristal* ressemble à ses prédécesseurs mais de beaucoup trop loin, hélas. Cela malgré un budget pharaonique de 180 millions de dollars (253 millions actuels). On ne frissonne jamais pour Indy : au contraire, on le plaint de subir une telle avalanche de péripéties. Ce quatrième film n'aurait jamais dû voir le jour.

SI VOUS VOULEZ DEVENIR UN BON ARCHÉOLOGUE, IL FAUT QUE VOUS SORTIEZ DE LA BIBLIOTHÈQUE !
INDIANA JONES

Harrison Ford, soixante-cinq ans, toujours fringant.

2009

DROIT DE PASSAGE

Sur fond de trafic migratoire à Los Angeles, un agent proche de la retraite tente d'aider une jeune mère mexicaine expulsée.

Crossing Over
Wayne Kramer
Scénario : Wayne Kramer
Acteurs principaux : Harrison Ford, Ray Liotta, Ashley Judd, Jim Sturgess, Cliff Curtis, Alice Braga
Durée : 113 min
Sortie : 27 février 2009
(France, 4 août 2010)
Box-office USA : 455 654 dollars (643 957 actuels)
Entrées France : 100 262

Quel est le prix à payer pour les milliers de clandestins qui tentent d'obtenir chaque année la nationalité américaine ? Wayne Kramer livre un film choral engagé, plus profond qu'il n'en a l'air, sur des trajectoires cabossées dans l'Amérique de la fin des années 2000. Ford interprète avec justesse et sobriété un policier du service immigration, un anti-héros fatigué, ému par le sort d'une jeune mère mexicaine. Un film méritoire, prometteur même de ce à quoi pourrait ressembler sa fin de carrière, trop vite balayé hélas dans les salles, torpillé chez nous par sa sortie en plein été.

2010

MESURES EXCEPTIONNELLES

Un père part à la recherche d'un chercheur qui pourrait guérir ses enfants atteints d'une maladie génétique très rare.

Extraordinary Measures
Tom Vaughan
Scénario : Robert Nelson Jacobs, d'après le livre de Geeta Anand
Acteurs principaux : Brendan Faser, Harrison Ford, Keri Russell, Jared Harris, Courtney B. Vance
Durée : 106 min
Sortie : 22 janvier 2010
(France, 17 mars 2010)
Box-office USA : 12 millions de dollars (16,68 millions actuels)
Entrées France : 55 148

Une histoire vraie et touchante pour un film qui l'est nettement moins. Pour sa première incursion dans le cinéma, le poids lourd du petit écran américain, CBS, produit cette histoire de miracle médical où un couple d'Américains met tout en œuvre pour sauver ses deux enfants atteints d'une maladie génerique rarissime en sollicitant l'aide d'un chercheur susceptible d'y parvenir. Ford campe le docteur alors que CBS l'imaginait plutôt interpréter le père-courage. À soixante-sept ans, le comédien a au moins compris qu'il devait changer de registre et arrêter de jouer les jeunes papas risque-tout. Il a aussi accepté de ne pas figurer en premier au générique. Une première pour lui depuis 1983 et le troisième épisode de *Star Wars*. Pas de miracle, *Mesures exceptionnelles* ne trouve pas son public. Une nouvelle fois, un film avec Harrison Ford disparaît trop rapidement des radars des sorties ciné.

2010

MORNING GLORY

Une productrice s'efforce de remonter les audiences catastrophiques de la matinale d'une grande chaîne de télévision... avec un duo de présentateurs en conflit.

Le tandem Harrison Ford/Diane Keaton avait tout pour faire des étincelles. Hélas, cette comédie mal écrite, qui explore les coulisses d'une matinale télévisée en perte de vitesse, n'est ni captivante, ni trépidante. On zappe.

Morning Glory
Roger Michell
Scénario : Aline Brosh McKenna
Acteurs principaux : Rachel McAdams, Harrison Ford, Diane Keaton, Patrick Wilson, Jeff Goldblum
Durée : 107 min
Sortie : 10 novembre 2010
(France, 6 avril 2011)
Box-office USA : 31 millions de dollars (43,1 millions actuels)
Entrées France : 218 438

COWBOYS & ENVAHISSEURS

2011

Cowboys & Aliens
Jon Favreau
Scénario : Roberto Orci, Alex Kurtzman, Damon Lindelof, Mark Fergus et Hawk Ostby d'après une histoire de Mark Fergus, Hawk Ostby et Steve Oedekerk et le roman graphique de Scott Mitchell Rosenberg
Acteurs principaux : Daniel Craig, Harrison Ford, Olivia Wilde, Sam Rockwell, Adam Beach
Durée : 119 min
Sortie : 29 juillet 2011 (France, 24 août 2011)
Box-office USA : 100,24 millions de dollars (135,11 millions actuels)
Entrées France : 893 929

Arizona, 1873. Un homme frappé d'amnésie, portant un mystérieux bracelet autour du poignet, se heurte à l'hostilité des habitants.

Une catastrophe ! Un mélange douteux de western et de science-fiction perfusé aux effets spéciaux extravagants. Seule consolation pour Harrison Ford : l'acteur, qui s'est reconverti dans les seniors aigris et revêches, n'est plus l'unique tête d'affiche à devoir assumer un tel raté. Privilège qu'il partage avec Daniel Craig et Olivia Wilde.

42

2013

Chadwick Boseman (Jackie Robinson) et Harrison Ford dans le rôle de Branch Rickey, initialement proposé à Robert Redford.

1947. L'histoire de Jackie Robinson, le premier joueur de baseball afro-américain à percer en Ligue Majeure aux États-Unis.

Inoubliable Black Panther, le regretté Chadwick Boseman – décédé à seulement quarante-trois ans – tient là son premier « premier rôle ». À ses côtés, Ford prend du plaisir à camper le manager de l'équipe des Dodgers, l'homme qui a eu l'intuition de recruter le légendaire Jackie Robinson, premier joueur noir de l'histoire du baseball à évoluer dans un championnat majeur à la fin des années 1940. Truculent, amusant, volontiers grincheux, sourire narquois aux lèvres, Ford renaît sous ses lunettes rondes, son nœud papillon et son chapeau de feutre. Il était temps pour lui de retrouver le goût du jeu dramatique.

42
Brian Helgeland
Scénario : Brian Helgeland
Acteurs principaux : Chadwick Boseman, Harrison Ford, Nicole Beharie, Christopher Meloni, Ryan Merriman, Lucas Black
Durée : 128 min
Sortie : 12 avril 2013 (France, 2 mai 2014 en vidéo)
Box-office USA : 95 millions de dollars (123,64 millions actuels)

2013

PARANOÏA

Paranoia
Robert Luketic
Scénario : Jason Dean Hall et Barry L. Levy, d'après le roman de Joseph Finder
Acteurs principaux : Liam Hemsworth, Gary Oldman, Amber Heard, Harrison Ford, Lucas Till
Durée : 106 min
Sortie : 16 août 2013 (France, 9 janvier 2017 en VOD)
Box-office USA : 7,39 millions de dollars (9,62 millions actuels)

Pour se racheter d'avoir fait perdre beaucoup d'argent à son entreprise de télécoms, un employé doit infiltrer le principal concurrent.

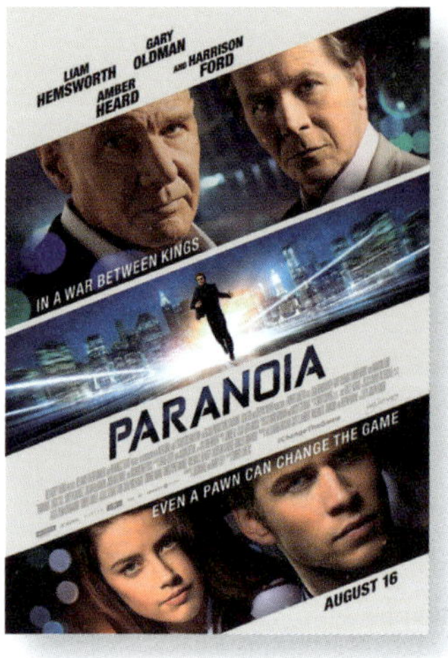

Crâne rasé, épaisses lunettes : Ford arbore un look surprenant pour interpréter un magnat de la tech. Au-delà de ces facéties capillaires, l'acteur de soixante-dix ans paraît enfin apaisé, réconcilié avec son âge et sa silhouette un peu épaissie. Parce qu'il n'a plus rien à prouver, plus de carrière à mener, il se lâche sans retenue. Cela étant, le film n'est pas une réussite, en grande partie à cause de la tête d'affiche, le jeune Liam Hemsworth, vingt-trois ans, trop fade, trop lisse, trop neutre. Pour preuve, *Paranoïa* sortira directement en VOD en France.

2013

LA STRATÉGIE ENDER

Ender's Game
Gavin Hood
Scénario : Gavin Hood, d'après le roman d'Orson Scott Card
Acteurs principaux : Asa Butterfield, Harrison Ford, Hailee Steinfeld, Abigail Breslin, Ben Kingsley, Viola Davis
Durée : 114 min
Sortie : 1er novembre 2013 (France, 6 novembre 2013)
Box-office USA : 61,74 millions de dollars (80,35 millions actuels)
Entrées France : 416 849

Un homme est appelé à combattre les Formics, une race extraterrestre insectoïde qui a déjà tenté d'envahir la Terre par le passé.

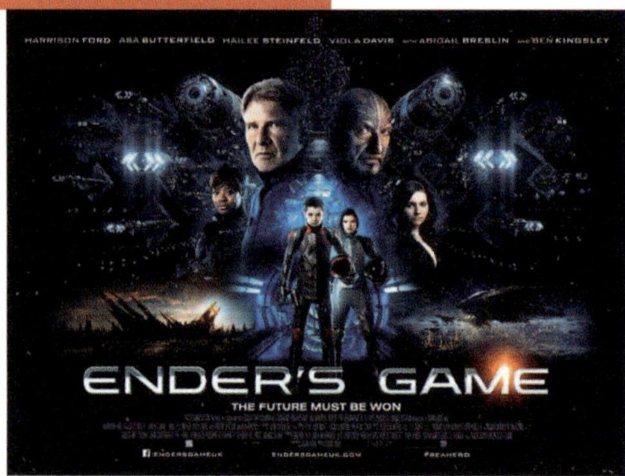

Ford semble ici totalement égaré dans cet édifiant film de science-fiction. On touche le fond.

2013

LÉGENDES VIVANTES

Années 1980. Une star déchue de l'information revient sur le devant de la scène en formant une équipe de choc avec ses anciens collègues.

Anchorman 2 : The Legend Continues
Adam McKay
Scénario : Adam McKay et Will Ferrell
Acteurs principaux : Will Ferrell, Steve Carell, Paul Rudd, David Koechner, Christina Applegate
Durée : 119 min
Sortie : 18 décembre 2013 (France, 11 juin 2014 en vidéo)
Box-office USA : 127,35 millions de dollars (165,75 millions actuels)

Rôle mineur, film insignifiant. Une courte parenthèse à refermer au plus vite.

EXPENDABLES 3

2014

Le groupe des Expendables affronte leur fondateur, devenu trafiquant d'armes.

Patrick Hughes
Scénario : Sylvester Stallone, Creighton Rothenberger et Katrin Benedikt, d'après les personnages développés par Dave Callaham et une histoire de Sylvester Stallone
Acteurs principaux : Sylvester Stallone, Jason Statham, Harrison Ford, Arnold Schwarzenegger, Mel Gibson, Antonio Banderas, Jet Li, Wesley Snipes
Durée : 126 min
Sortie : 15 août 2014 (France, 20 août 2014)
Box-office USA : 39,32 millions de dollars (50,36 millions actuels)
Entrées France : 1,06 million

On lui a assuré que le tournage en Bulgarie ne l'occuperait qu'une poignée de jours. Comme à l'époque d'*Apocalypse Now* trente-cinq ans plus tôt, Ford a dit « oui » à ce troisième opus de la série *Expendables*. Il retrouve avec gourmandise ses contemporains – Stallone, Schwarzenegger – dans un gros film d'action calibré pour la touffeur de l'été.

Par la force des choses, Harrison Ford incarne à la fois le petit ami et le beau-père de l'héroïne.

ADALINE

2015

1937. À la suite d'un étrange accident de voiture provoqué par la foudre, Adaline constate qu'elle aura toute sa vie vingt-neuf ans.

Avant de renouer avec ses trois rôles les plus marquants – Han Solo, Indiana Jones et Rick Deckard – l'acteur tourne dans une romance teintée de science-fiction où une femme constate qu'elle aura vingt-neuf ans toute sa vie. Ce qui n'est pas le cas, hélas, de son amoureux de jeunesse qui, lui, a eu la mauvaise idée de vieillir comme tout le monde…

The Age of Adaline
Lee Toland Krieger
Scénario : J. Mills Goodloe et Salvador Paskowitz, d'après leur histoire
Acteurs principaux : Blake Lively, Michiel Huisman, Harrison Ford, Ellen Burstyn, Kathy Baker, Amanda Crew
Durée : 112 min
Sortie : 24 avril 2015 (France, 22 mai 2015 en VOD)
Box-office USA : 42,63 millions de dollars (54,53 millions actuels)

STAR WARS, ÉPISODE VII : LE RÉVEIL DE LA FORCE

Han Solo (Harrison Ford) reprend du service dans le septième épisode de la saga *Star Wars*.

Il y a bien longtemps, dans une galaxie lointaine, très lointaine… La Résistance animée par la générale Leia Organa s'oppose au Premier Ordre, né des ruines de l'Empire. Pendant ce temps, le dernier Jedi encore en vie, Luke Skywalker, reste introuvable.

Star Wars Episode VII : The Force Awakens

J.J. Abrams

Scénario : J.J. Abrams, Lawrence Kasdan et Michael Arndt, d'après les personnages développés par George Lucas

Acteurs principaux : Daisy Ridley, John Boyega, Adam Driver, Harrison Ford, Oscar Isaac, Carrie Fisher

Durée : 138 min

Sortie : 18 décembre 2015 (France, 16 décembre 2015)

Box-office USA : 936,66 millions de dollars (1,2 milliard actuel)

Entrées France : 10,5 millions (1ère place de l'année au box-office)

Après la frugalité, le gavage ? Fin 2012, l'empire Disney avale Lucasfilm pour 4 milliards de dollars (5,26 milliards actuels) : tout le monde sur Terre a compris que les films de la saga *Star Wars* vont désormais se multiplier à un rythme infernal et finir par saturer le marché, là où naguère une certaine attente (trois ans entre chaque opus et quatorze ans entre la trilogie initiale et la prélogie) nourrissait l'envie des spectateurs. En décembre 2015 survient ainsi ce fameux septième épisode, à la fois espéré et redouté, dix ans après le précédent, *La Revanche des Sith* (George Lucas, 2005).

Le Réveil de la Force est confié à Jeffrey Jacob Abrams, « nouveau » petit génie d'Hollywood, considéré parfois abusivement comme l'héritier de Spielberg. Harrison Ford le connaît pour avoir tourné dans *À propos d'Henry* sur l'un de ses scripts dans une autre vie – presque un quart de siècle plus tôt ! Abrams n'est pas là pour faire la révolution. Mais pour assurer la poursuite du mythe intergalactique. En cela, le quadragénaire s'inscrit dans une filiation directe avec l'œuvre de George Lucas, le père fondateur. N'a-t-il pas relancé la franchise *Mission impossible* en 2006 (troisième épisode) puis celle de *Star Trek* en 2009 et 2013 ? Dès ses onze ans, n'a-t-il pas été biberonné à la trilogie originelle ?

Et Han Solo dans tout ça ? Dès l'été 2012, juste avant de finaliser la vente de sa société, George Lucas a d'abord approché Mark Hamill (Luke) et Carrie Fischer (Leia). Il a sondé leurs intentions : tous deux sont partants pour reprendre du service dans la galaxie. Dans la foulée, il rencontre Ford. Étonnamment, la star de soixante-dix ans se montre très enthou-

Étape fondamentale du tournage, la lecture du scénario. J.J. Abrams, le réalisateur, est ici entouré des acteurs du film.

siaste : « *Tu en es où ? Est-ce que tu as un script* [1]? » En guise de script, en vérité, il n'y a pas encore grand-chose à ce stade. Lucas a remis à Disney toutes ses notes confidentielles portant sur d'éventuelles suites. Et le nouveau propriétaire de Lucasfilm n'est pas spécialement emballé par ce qu'il lit. Résultat ? Il confie l'écriture du scénario à Michael Arndt, l'auteur comblé de *Little Miss Sunshine* (2006) et de *Toy Story 3* (2010). Un an plus tard, le processus s'accélère. Disney fait appel à Lawrence Kasdan (à qui l'on doit *L'Empire contre-attaque* et *Le Retour du Jedi*) pour remanier toute la copie. Ce retour est très favorable à Ford, car Han Solo est le personnage préféré du scénariste. L'acteur, qui voulait déjà faire mourir son personnage à la fin de son dernier *Star Wars* en 1983, sera exaucé : non seulement Solo connaît une fin tragique mais de surcroît hautement symbolique, dans la lignée de *L'Empire contre-attaque*. En prime, le comédien touche un cachet astronomique de 25 millions de dollars (32 millions actuels) assorti d'un intéressement à hauteur de 0,5 % sur les profits. Le comble est qu'il aurait pu vraiment perdre la vie dans l'aventure. Entre deux prises, une porte hydraulique du *Faucon Millénium* – son légendaire vaisseau – s'abat sur lui. Étourdi, plaqué au sol, l'acteur est évacué en urgence. Verdict : une jambe cassée (un moindre mal) et huit semaines d'absence.

Abrams assume la dimension « vintage » de son opus, quitte à recréer artificiellement un film de la fin des années 1970 au milieu des années 2010 : beaucoup de décors naturels, moins de fonds verts, des maquettes incroyables, une pellicule argentique… Débuté au printemps 2014, le tournage s'achève six mois plus tard. À l'arrivée ? Cet épisode numéro sept n'a pas la puissance de ses prédécesseurs, se veut trop déférent à l'égard de la première trilogie au point de s'apparenter presque à un plagiat de l'épisode inaugural. Mais, au moins, il respecte les fondamentaux et distille une émotion réelle avec la disparition de son personnage préféré. Travaillé au corps par un marketing redoutable et une promotion démentielle, le public se précipite et communie en masse avec ce nouvel objet de la pop culture. Le film frôle le milliard de dollars de recettes rien qu'aux États-Unis ! Et en France, il termine l'année 2015 au sommet du podium. Une première chez nous dans l'histoire de la saga[2]. Ford/Solo a la conscience tranquille. Sa sortie de piste aura été à la hauteur.

CHEWIE… NOUS SOMMES À LA MAISON.
HAN SOLO RETROUVANT SON FAUCON MILLENIUM

Peter Mayhew (« Chewie ») et Harrison Ford assistent à la première européenne du film à Londres le 16 décembre 2015.

1 Cité par Alexis Orsini, *Harrison Ford, L'acteur qui ne voulait pas être une star*, Dunod, 2017.

2 Le film suivant, *Les Derniers Jedi*, terminera lui aussi en tête du box-office français en 2017.

2017

BLADE RUNNER 2049

Rick Deckard (Harrison Ford) vit reclus dans un casino à l'abandon, au milieu des ruines de Las Vegas.

En 2049, des « Réplicants » ont intégré la société pour assurer la survie de l'humanité. L'un d'eux, K, travaille comme *blade runner* dans la police de Los Angeles. Un jour, il exhume un secret enfoui depuis longtemps, susceptible de changer le monde.

Blade Runner 2049

Denis Villeneuve

Scénario : Hampton Fancher et Michael Green, d'après une histoire d'Hampton Fancher et les personnages du roman de Philip K. Dick

Acteurs principaux : Ryan Gosling, Harrison Ford, Jared Leto, Ana de Armas, Robin Wright

Durée : 164 min

Sortie : 6 octobre 2017 (France, 4 octobre 2017)

Box-office USA : 92 millions de dollars (113,8 millions actuels)

Entrées France : 1,23 million

Ford n'est plus le *blade runner* principal, honneur désormais dévolu à Ryan Gosling, trente-six ans. Ridley Scott n'assure plus la mise en scène, privilège accordé au Canadien Denis Villeneuve (*Prisoners*, *Sicario*). Le compositeur grec Vangelis a cédé sa place à Hans Zimmer et Benjamin Wallfisch. Mais Ford, l'insubmersible, soixante-quatorze ans, demeure dans la saga, tout comme le coscénariste Hampton Fancher. L'acteur reste l'un des pivots narratifs de cette suite. La mémoire vive du premier film devenu culte auprès de toute une génération de jeunes cinéphiles. Et peu importe qu'il n'apparaisse que dans le dernier tiers du long-métrage, à la manière d'une *guest star*.

Blade Runner, ancienne et nouvelle générations confondues : Denis Villeneuve, Ridley Scott, Harrison Ford et Ryan Gosling.

Fan absolu du *Blade Runner* originel de 1982, Villeneuve livre avec ce millésime *2049* un hommage autant qu'une nouvelle interprétation de l'univers onirique et oppressant de l'écrivain Philip K. Dick. Délocalisé en studios à Budapest pour des raisons budgétaires, le tournage se déroule sur cinq mois au second semestre 2016. Mention spéciale à Roger Deakins, le chef-opérateur de *No Country for Old Men* et *Skyfall*, qui nimbe le film d'une lumière sépulcrale étrange, assez hypnotique. Le scénario touffu, sinon abscons, dessert toutefois l'ensemble. Autre faute majeure indélébile : le héros, l'agent K (Ryan Gosling), est clairement un « Réplicant ». Aucune ambiguïté à ce sujet. Or l'un des charmes du premier opus tenait au mystère qui entourait la nature de Deckard. Une déception au regard de l'incroyable potentiel que recelait un nouvel épisode du monde des *blade runners*.

K (Ryan Gosling) et Deckard (Harrison Ford) tentent d'échapper à Luv et à ses sbires.

2020

L'APPEL DE LA FORÊT

Vers 1890. Le chien Buck, croisement d'un saint-bernard et d'un colley, est arraché à sa vie domestique en Californie pour devenir chien de traîneau dans le Grand Nord canadien, au moment de la ruée vers l'or dans le Yukon.

The Call of the Wild
Chris Sanders
Scénario : Michael Green, d'après le roman de Jack London
Acteurs principaux : Harrison Ford, Omar Sy, Dan Stevens, Karen Gillan, Bradley Whitford, Cara Gee
Durée : 100 min
Sortie : 21 février 2020 (France, 19 février 2020)
Box-office USA : 62,3 millions de dollars (73,7 millions actuels)
Entrées France : 1,26 million

Voilà une œuvre un peu étrange, combinant prises de vues réelles et images de synthèse, mise en scène par un spécialiste de l'animation chez Disney puis DreamWorks (*Lilo et Stitch*, *Dragons*, *Les Croods*...). Le chien au grand cœur – le vrai héros de ce conte pour enfants écrit par Jack London en 1903 – a été intégralement créé par ordinateur. Ce qui n'est pas toujours très heureux à l'écran tant l'anthropomorphisme a été poussé.

Il y a quarante ans, un cinéaste japonais avait lui aussi effectué un pas de côté avec l'œuvre de l'écrivain américain en réalisant un film d'animation. En remontant plus loin dans le temps, on trouve la trace de deux autres versions de *L'Appel de la forêt*, « classiques » cette fois : l'une de 1935 signée William Wellman avec Clark Gable, Loretta Young et Jack Oakie (futur Napaloni du *Dictateur* de Charlie Chaplin) et l'autre de Ken Annakin en 1972 avec Charlton Heston et Michèle Mercier.

Dans cette quatrième et dernière version cinématographique à ce jour, Ford campe un vieil aventurier solitaire désabusé à la barbe drue, aux traits burinés et à la parole rare. Il apparaît somme toute assez peu

Dans le rôle de John Thornton, la star a délaissé le chapeau pour le bonnet du Grand Nord canadien.

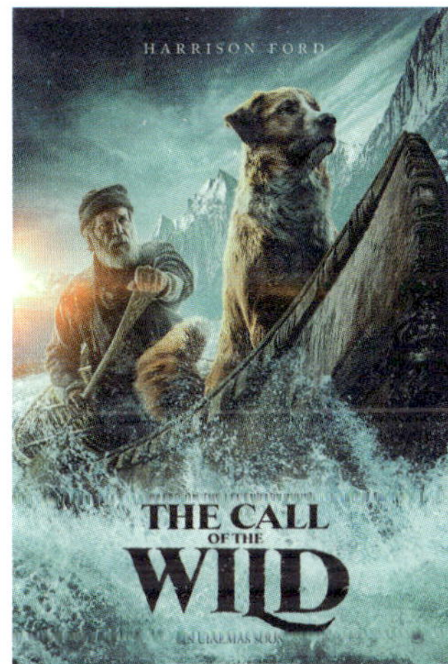

dans la première partie même s'il assure aussi la voix *off*. À soixante-dix-sept ans, l'acteur est cependant toujours aussi impliqué et appliqué. Le charpentier qu'il a été naguère aime le travail soigné. Le message écologique sous-jacent (la nature nous a précédés et nous survivra) n'est pas pour lui déplaire. « *Mon boulot, c'est de faire vivre, à travers mon corps, une expérience au spectateur. Qu'il la ressente comme si elle lui arrivait à lui*[1] », dira-t-il. Pour son cinquante-deuxième long-métrage, Ford ne ménage pas sa peine et parvient à insuffler ici ou là quelques moments mélancoliques.

1 *Le Monde*, 27 juin 2023.

Ford avec Buck, le chien « numérisé », héros du film.

2023

INDIANA JONES ET LE CADRAN DE LA DESTINÉE

1969. La course à l'espace entre les États-Unis et l'URSS bat son plein. Indiana Jones affronte un employé de la NASA, un ex-nazi impliqué dans le programme lunaire Apollo.

Indiana Jones and the Dial of Destiny
James Mangold
Scénario : James Mangold, Jez et John-Henry Butterworth, d'après les personnages développés par George Lucas et Philip Kaufman
Acteurs principaux : Harrison Ford, Phoebe Waller-Bridge, Mads Mikkelsen, John Rhys-Davies, Thomas Kretschmann, Antonio Banderas, Boyd Holbrook
Durée : 153 min
Sortie : 30 juin 2023 (France, 28 juin 2023)

Est-il raisonnable de prolonger indéfiniment la saga *Indiana Jones* ? Pourquoi prendre le risque d'égratigner encore un peu plus une saga culte ? Car personne n'a oublié le calamiteux quatrième volet de la série, *Le Royaume du Crâne de cristal*, sorti quinze ans auparavant. Cette fois, même George Lucas a décidé de passer la main, tandis que Steven Spielberg s'est seulement contenté de produire le film. Ford, soixante-dix-neuf ans lors des prises de vues, a peut-être passé l'âge, lui aussi, de manier le fouet et de galoper à cheval dans les tunnels du métro. Disney, qui a racheté la franchise en 2012, n'a évidemment pas ces états d'âme. Pour la plus grosse Major du cinéma, tant qu'Harrison Ford manifeste l'envie de tourner, l'espoir demeure… Va pour une méga-production de 300 millions de dollars de budget !

Surprise, ce cinquième épisode renoue avec l'esprit du début de l'aventure sans toutefois atteindre les sommets du premier et du troisième opus. De l'humour, des cascades, du suspense (un peu) et de l'émotion (un peu aussi). L'Américain James Mangold (*Copland*, *Logan*, *Le Mans 66*) sait jusqu'où aller trop loin, exploiter la nostalgie sans verser dans la démesure ni le grandiloquent. Ford peut tirer sa révérence l'esprit serein. La toute dernière note sonne plutôt juste, même si certaines scènes d'action auraient gagné à être largement écourtées (poursuite en tuk-tuk à Tanger, poursuite en avion notamment).

« *On avait demandé à Mangold de faire une fin, il l'a suspendue sur le fil de l'éternité*[1] », écrit joliment Jacques Mandelbaum dans *Le Monde*. Si Ford paraît émoussé et dépassé par les événements, sa partenaire de jeu, la pétulante Phoebe Waller-Bridge apporte une fraîcheur inattendue et une causticité bienvenue. L'Anglaise de trente-six ans, qui joue Helena Shaw (la fille du meilleur ami disparu d'Indiana), ne fait pas dans la séduction (heureusement au vu de la différence d'âge) mais se livre à un ping-pong verbal savoureux, à fleurets mouchetés. On retrouve là la patte impertinente de la coscénariste du 25ème *James Bond* (*Mourir peut attendre*, 2021) et de la créatrice des séries télés *Fleabag* et *Killing Eve*. Le Danois Mads Mikkelsen, qui campait dix-sept ans auparavant un fameux méchant dans un autre *James Bond* (*Casino Royale*, 2006), est impeccable dans la peau de Jürgen Voller, un personnage vaguement inspiré de Werner von Braun, l'ingénieur allemand qui conçut pour Hitler les fusées V2, premiers missiles balistiques de l'histoire. L'acteur se montre retors et raffiné à souhait.

Amorcé début juin 2021 dans les studios londoniens de Pinewood (ceux de *James Bond*), le tournage se poursuit en décors naturels en Angleterre (Bamburgh), en Écosse (Glencoe), en Sicile (Syracuse, Ségeste) puis au Maroc (Fès) où il s'achève fin février 2022. Censé sortir l'été suivant, ce cinquième opus est finalement reporté par Disney à l'été 2023 où il a l'honneur d'être dévoilé hors compétition, en grandes pompes, au Festival de Cannes. Ce dernier *Indiana Jones* sera-t-il l'ultime film de Ford ? Rien n'est moins sûr tant l'acteur prend toujours un plaisir évident devant une caméra – et pas seulement lorsqu'il s'agit de se voir numériquement rajeuni dans une scène d'ouverture face à des nazis (merci l'intelligence artificielle). La seule certitude ? Il ne tournera pas de sixième *Indiana Jones*.

INDIANA JONES
VOUS ÊTES ALLEMAND. NE VOUS ESSAYEZ PAS À FAIRE DE L'HUMOUR !

1 *Le Monde*, 20 mai 2023.

Cure de jouvence pour Indiana Jones, rajeuni de 25 ans grâce à la magie des effets spéciaux.

Crédits photos

Photo de couverture : © Warner Bros/Collection Christophel/RnB

Intérieur : p. 8 © Getty/David M. Benett ; p. 16, 54-55, 56, 64-65 © Getty/Nancy Moran ; p. 20 © Getty/Silver Screen Collection ; p. 25, 29, 33, 50-51, 60-61, 66, 94 (h), 105 (b), 108 (m), 110, 111 (h), 114, 116, 118, 119 (hd), 120, 121 (h), 123 (h), 134, 135 (b), 136, 137, 139, 141, 155, 157 (b) © Getty/Sunset Boulevard ; p. 26 © Getty/Mark Sennet ; p. 30 (h) © Getty/Jean-Louis Urli ; p. 30 (b), 57, 58-59 © Getty/Bertrand Laforêt ; p. 31 © Getty/Edoardo Fornaciari ; p. 34 (bg) © Getty/Frank Edwards ; p. 34 (bd) © Getty/Ron Galella ; p. 35 © Getty/Paul Harris ; p. 36 © Getty/Ron Davis ; p. 38-39 © Getty/Stephane Cardinale-Corbis ; p. 48-49 © Getty/Lynn Goldsmith ; p. 52-53 © Getty/New York Daily News Archive ; p. 62-63 © Getty/Stanley Bielecki Movie Collection ; p. 68-69 © Getty/Archive Photos ; p. 70-71 © Getty/Hulton Archive ; p. 72-73, 151 (b) © Getty/Francois Duhamel ; p. 75, 156 © Getty/Murray Close ; p. 86-87, 185 (b) © Getty/Mike Marsland ; p. 88-89© Getty/Francois G. Durand ; p. 92 © Getty/Screen Archives ; p. 101 (b) © Getty/LMPC ; p. 103 (h) © Getty/Steve Larson ; p. 117 © Getty/Mirrorpix ; p. 123 © Getty/Laurent MAOUS ; p. 138 (h), 140 (h) © Getty/Paramount Pictures ; p. 161 (b) © Getty/Donaldson Collection ; p. 163 © Getty/Paramount Pictures ; p. 169 (b) © Getty Images ; p. 181 (b) © Getty/Michael Tran ;

p. 10, 143 (h) © Paramount Pictures/Collection Christophel/RnB ; p. 11 (b), 12 (b) © The Saul Zaentz Company/Jerome Hellman Productions/Collection Christophel/RnB ; p. 23, 100, 103 (b), 104 (h), 104-105 (h), 106, 107 © Lucas film/Walt Disney/Collection Christophel ; p. 27 © Lucas film/Collection Christophel ; p. 32, 76-77, 162 (h), 170 (b), 175 (b), 180 (h), 184, 185 (h) © Collection Christophel ; p. 42-43, 78, 108 (h), 109, 111 (b), 113, 149, 152, 151 (b), 160, 164 (h), 165 (h), 166, 168 (h), 169 (h), 170 (h), 171 (h), 173 (h) © Collection Christophel/NZ ; p. 46-47 © Warner Bros/Collection Christophel ; p. 79 © Columbia Pictures/Collection Christophel/RnB ; p. 82-83, 181 (h) © Universal Pictures/DreamWorks/Collection Christophel ; p. 102 © Lucas film/Twentieth Century Fox Film Corporation/RnB/Collection Christophel ; p. 127, 128, 129, 130 (h), 133 (h), 133 (b) © The Ladd Company/Shaw Brothers/Collection Christophel ; p. 142, 143 (b), 144 (b), 145 © Paramount Pictures/Collection Christophel ; p. 150 © Warner Bros/Mount Company/Collection Christophel ; p. 153 © Warner Bros/Mount Company/Collection Christophel/RnB ; p. 161 (h) © Mirage Enterprises/Collection Christophel ; p. 165 (b) © Mace Neufeld Productions/Collection Christophel/RnB ; p. 167 (h) © Warner Bros/Kopelson Entertainment/Collection Christophel ; p. 168 (b) © Mace Neufeld Productions/Paramount Pictures/Collection Christophel/RnB ; p. 171 (b) © Columbia Pictures/Collection Christophel ; p. 172 (b) © Columbia Pictures Corporation/Global Entertainment Productions GmbH Company Medien KG/Mirage Enterprises/Collection Christophel/RnB ; p. 173 (b) © DreamWorks/Twentieth Century Fox Film Corporation/Collection Christophel ; p. 174 © First Light Production/IMF Internationale Medien und Film GmbH & Co. 2. Produktions KG/Intermedia Films/K-19 Film Produ/RnB/Collection Christophel ; p. 174 (bg) © First Light Production/IMF/Collection Christophel ; p. 180 (b) © Bad Robot/Goldcrest Pictures/Collection Christophel ; p. 183 (h) © Lionsgate/Millennium Films/Collection Christophel ; p. 183 (b) © Lakeshore Entertainment/Sidney Kimmel Entertainment/Collection Christophel ; p. 186 (b) © Alcon entertainment/Scott free productions/Warner Bros/Collection Christophel ; p. 188 © Merie Wallace-3 Arts Entertainment-Twentieth Century Fox/Collection Christophel ; p. 189 (h) © 3 Arts Entertainment-Twentieth Century Fox/Collection Prod DB/Collection Christophel ; p. 189 (b) © 2019 Twentieth Century Fox Film Corporation. All rights reserved./Collection Christophel ; p. 190, 191 (b) © Walt Disney-Lucasfilm-Paramount Pictures-Amblin Entertainment/Collection Christophel

p.9, p. 44-45, 83-85, 99 (b), 119 (hg), 177 (hg), 187 (b) © Everett Collection/Bridgeman Images ; p. 81 © Paramount Pictures/Everett Collection/Bridgeman Images ; p. 115 (b) © Lucasfilm/Twentieth Century Fox Film Corporation/Diltz/Bridgeman Images ; p. 121 (m), 122 © TM & Copyright by Paramount Pictures. All Rights Reserved./Diltz/Bridgeman Images ; p. 124, 125 (b), 140 (m), 159 © Bridgeman Images ; p. 126 © Granger/Bridgeman Images ; p. 130-131 (b) © Warner Bros Entertainment Inc./Everett Collection/Bridgeman Images ; p. 131 (b), 132 © The Ladd Company/Shaw Brothers/Warner Bros. Pictures/Blade Runner Partnership/Diltz/Bridgeman Images ; p. 158 (hg) © Murray Close © Paramount Pictures/Lucas Film/Diltz/Bridgeman Images ; p. 158 (hd), 176, 178 (h) © Paramount Pictures/Everett Collection/Bridgeman Images ; p. 158 (b) © Paramount Pictures/Lucas Film/Diltz/Bridgeman Images ; p. 177 (b), 178 (b), 179 © David James/© Paramount Pictures/Lucasfilm/The Kennedy-Marshall Company/Diltz/Bridgeman Images ; p. 186 (h) © Warner Bros Entertainment Inc./Everett Collection/Bridgeman Images

p. 11 (h), p. 12 (h), 13, 14, 15, 17, 18, 19, 21, 22, 26, 93, 94 (b), 95, 96, 97, 98, 99 (hg), 99 (hd), 101 (hg), 101 (hd), 112, 115 (hg), 115 (hd), 120 (h), 125 (h), 135 (h), 138 (b), 144 (h), 146, 147, 148 (b), 154, 157 (h), 162 (b), 164 (b), 167 (b), 172 (h), 174 (bd), 175 (h), 177 (hd), 180 (m), 182, 187 (h), 189 (m), 191 (h) © DR

Couverture et mise en page : Emmanuel Pinchon
Dépôt légal : octobre 2023
ISBN : 9782755669985
Achevé d'imprimer en septembre 2023 par FINIDR (République tchèque)